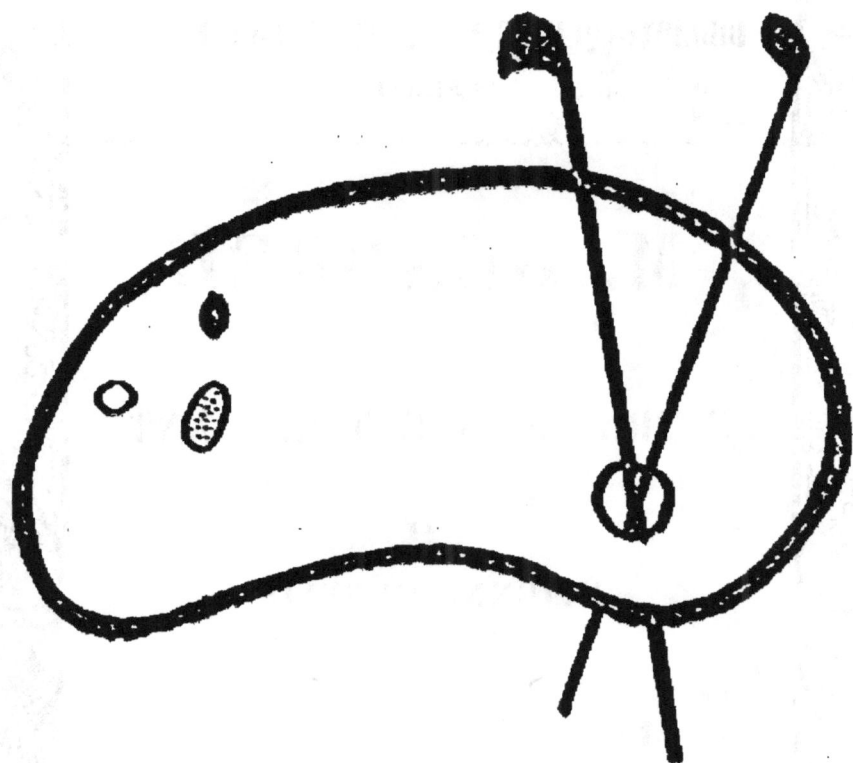

COUVERTURE SUPERIEURE ET INFERIEURE
EN COULEUR

BIBLIOTHÈQUE DE LA JEUNESSE CHRÉTIENNE
5ᵉ SÉRIE.

M. GENDREL

OU

LE TRAVAIL C'EST LA SANTÉ

PAR

ÉTIENNE GERVAIS

TOURS

ALFRED MAME ET FILS, ÉDITEURS

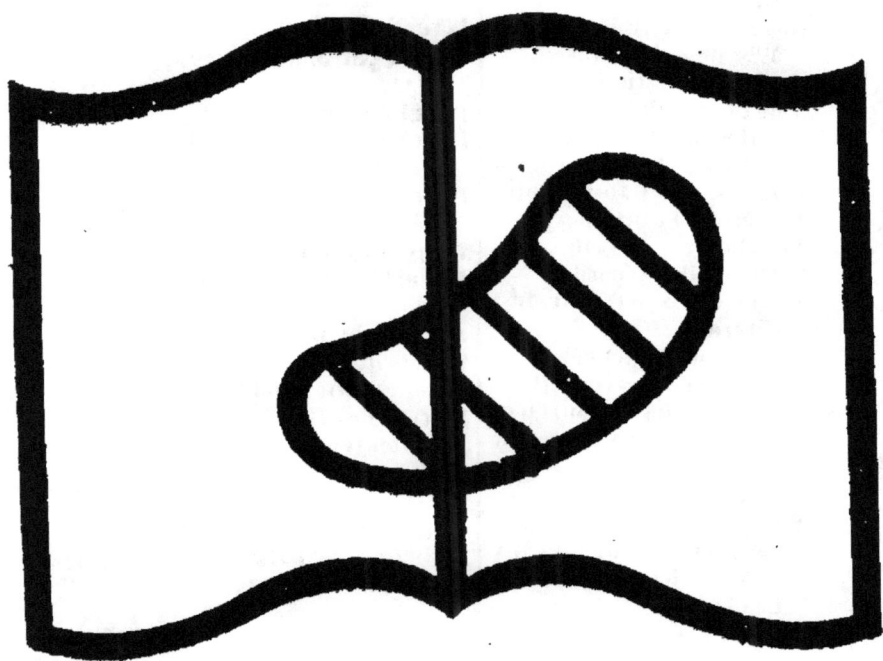

Illisibilité partielle

BIBLIOTHÈQUE

DE LA

JEUNESSE CHRÉTIENNE

APPROUVÉE

PAR Mgr L'ARCHEVÊQUE DE TOURS

—

4e SÉRIE IN-12

Elle reconnut Adolphe, qui, pâle et défait, marchait péniblement
en s'appuyant sur les bras de deux jeunes gens de son âge.

M. GENDREL

ou

LE TRAVAIL C'EST LA SANTÉ

PAR

ÉTIENNE GERVAIS

TOURS

ALFRED MAME ET FILS, ÉDITEURS

—

1876

M. GENDREL

CHAPITRE I

Mme Vannière et son fils Adolphe.

Pendant vingt ans, de 1830 à 1850, le docteur Gendrel fut sans contredit un des plus habiles médecins de Paris, quoiqu'il ne compte pas parmi les grandes célébrités médicales de cette époque, et que son nom n'ait guère été connu en dehors de sa clientèle et d'un cercle restreint d'amis dévoués. Sans jamais refuser ses services à qui les réclamait, il était peu soucieux d'étendre ses relations au delà de certaines limites, et il mettait autant de soin à rester ignoré que d'autres en mettent à se faire connaître par tous les moyens de publicité dont la réclame et le charlatanisme savent faire usage. Ce n'était ni par paresse, ni par insouciance, ni pour se soustraire aux fatigues qu'occasionne à un médecin une trop nombreuse clientèle, qu'il ne voulait se charger que d'un petit nombre de malades; c'était afin de les mieux soigner. « L'essentiel, disait-il, pour un médecin, n'est pas d'avoir à traiter beaucoup de maladies, mais d'opérer le plus grand nombre de guérisons possible. Or il ne peut y parvenir qu'en consacrant à chacun des sujets dont il a entrepris la cure des soins consciencieux et constants, qui absorberont une partie notable de son temps; il faut donc que le nombre de ces sujets soit en proportion du temps qu'il peut donner à chacun d'eux; autrement ses soins seront insuffisants, et par conséquent inefficaces. »

Nous avons dit tout à l'heure que jamais il ne refusait ses services à qui les réclamait ; ceci cependant a besoin d'explication. Sa clientèle était divisée en deux classes, la riche et la pauvre, ou, en d'autres termes, la classe payante et la non payante. Celle-ci était de beaucoup la plus nombreuse ; c'était pour elle qu'on le trouvait toujours prêt à se rendre au moindre appel, et il prodiguait aux malades de cette classe des soins aussi scrupuleux et aussi assidus qu'à ses clients les plus haut placés et les plus opulents. Quant à ces derniers, tout le monde n'était pas admis à en faire partie, et il lui fallait des raisons graves et capitales, ou les vives sollicitations de l'amitié, pour le décider à recevoir un nouveau client de cette catégorie.

A l'époque où commence l'histoire que nous allons raconter, le docteur Gendrel avait dépassé la cinquantaine. C'était un homme d'une taille au-dessus de la moyenne ; sa figure noble et sérieuse avait au premier aspect

quelque chose de sombre; mais elle s'éclair-
cissait presque aussitôt par un sourire doux
et bienveillant. Son front large annonçait
l'intelligence et la méditation; ses yeux vifs
et pénétrants semblaient lire au fond de
l'âme, et y découvrir les plus secrètes pen-
sées. On ne pouvait se défendre d'une sorte
d'embarras sous ce regard investigateur;
mais bientôt la parole douce et sympathique du docteur vous mettait tout à fait
à votre aise, et vous inspirait une confiance
entière.

Nous n'entrerons pas dans de plus longs
détails sur le portrait du docteur Gendrel; le
rôle qu'il joue dans notre récit achèvera de le
faire connaître. Nous ajouterons seulement
qu'il était aussi fervent chrétien que médecin
habile, suivant en cela l'exemple de son con-
frère et ami le célèbre docteur Récamier, qui
joignait à un zèle ardent pour la science une
ferveur et un dévouement non moins grands
pour la religion.

Maintenant que nous avons présenté à nos
jeunes lecteurs un des principaux person-
nages de notre histoire, nous allons entrer
en matière.

Dans les premiers jours du mois de mai
1841, le docteur Gendrel reçut d'un de ses
anciens amis et condisciples, M. Rigal, avo-
cat à Bourges, une lettre conçue à peu près
en ces termes :

« Mon cher et ancien camarade,

« Ma sœur, Mme Vannière, femme d'un des
« principaux maîtres de forges du Berri, a
« le plus vif désir de te consulter pour son
« fils, jeune homme de treize à quatorze
« ans, dont la santé s'affaiblit de jour en
« jour au lieu de prendre de la vigueur,
« comme c'est l'ordinaire à cet âge. Est-ce
« un effet de la croissance? est-ce un vice de

« conformation? C'est ce que nous ne pou-
« vons savoir, et il paraît que nos médecins
« d'ici n'en savent pas davantage. Ses parents
« sont dans une inquiétude mortelle, et je
« partage toute leur sollicitude; car j'aime
« cet enfant comme s'il était mon propre
« fils. Depuis longtemps ma sœur, qui te
« connaît de réputation et qui a en toi la
« confiance la plus absolue, désirait te pré-
« senter son fils; mais elle a été retenue
« jusqu'ici par diverses considérations. La
« principale était la crainte que tu ne te
« moquasses d'elle, de venir te consulter
« comme s'il s'agissait d'une maladie sé-
« rieuse de son enfant, tandis qu'il n'a, di-
« sait-on, qu'une maladie imaginaire, ou
« plutôt n'existant que dans l'imagination
« de la mère. C'est, en effet, ce qu'on n'a
« cessé de lui répéter sur tous les tons depuis
« plus de deux ans, et nos plus savants doc-
« teurs ajoutaient que l'indisposition dont
« paraissait atteint notre cher Adolphe, —

« c'est le nom de mon neveu, — était, dans
« tous les cas, passagère, et disparaîtrait
« d'elle-même avec le temps. Mais le temps,
« au lieu d'apporter de l'amélioration dans
« son état, ne paraît que l'aggraver; l'appé-
« tit et le sommeil ont disparu; la maigreur
« et la faiblesse augmentent chaque jour;
« l'enfant, jusqu'ici assez insoucieux de sa
« position, commence à s'en affecter, et ce
« symptôme m'alarme plus que tout le reste.
« Nos docteurs paraissent enfin s'émouvoir
« de la persistance d'un mal qu'ils traitaient
« d'éphémère; l'un conseille maintenant le
« changement d'air, un voyage dans le Midi,
« et même le séjour pendant un hiver ou deux
« à Nice ou à Hyères; un autre conseille les
« bains de mer, un troisième les eaux ther-
« males, etc.; mais ma sœur est bien résolue
« à ne prendre une détermination que sur
« l'avis que tu lui auras donné. Toutefois,
« avant de partir, elle m'a prié de t'annon-
« cer sa visite, et de recommander chaleu-

« reusement notre Adolphe à tes bons soins.

«. Elle voulait, même ne se mettre en route
« qu'après que j'aurais reçu de toi une ré-
« ponse favorable, parce qu'ayant entendu
« dire que tu faisais souvent des difficultés
« pour admettre de nouveaux clients, elle
« ne voulait pas s'exposer à faire un voyage
« et une démarche inutiles. Je l'ai pleine-
« ment rassurée à cet égard, en lui faisant
« observer que si, en raison de la multipli-
« cité et de l'importance de tes occupations,
« quelquefois tu n'accueillais pas avec faci-
« lité le premier venu qui par caprice ou par
« curiosité voulait s'adresser à toi, il n'en
« serait pas de même de la sœur et du neveu
« de ton vieil ami Rigal, qui ne sauraient
« être des étrangers pour toi, et seraient
« toujours les bienvenus, surtout quand il
« s'agit d'un fait aussi grave que celui pour
« lequel on veut te consulter.

« Sur cette assurance, ma sœur s'est mise
« en route, et ma lettre ne précédera guère

« que d'un jour, peut-être même de quel-
« ques heures, son arrivée à Paris. Un der-
« nier mot en finissant.

« Après que tu auras examiné mon neveu
« de manière à pouvoir te rendre compte de
« son état, si tu crois sa guérison possible et
« que tu veuilles l'entreprendre, tu peux être
« assuré que tes prescriptions seront scrupu-
« leusement suivies, car ma sœur et mon
« beau-frère ont en toi une confiance sans
« bornes, et sont disposés à faire tous les
« sacrifices possibles pour rendre la santé à
« leur enfant. Si tu trouves son état déses-
« péré, si même tu regardes sa guérison
« comme très-douteuse, tout en cachant soi-
« gneusement à sa mère le résultat de tes
« observations, écris-moi confidentielle-
« ment, et dis-moi franchement ce que tu
« penses de cet enfant, afin que je puisse
« préparer avec ménagement sa pauvre mère
« à la terrible catastrophe. *Vale.* »

Le lendemain du jour où le docteur Gendrel reçut cette lettre, Mme Vannière se présenta chez lui avec son fils. C'était une femme
d'une quarantaine d'années, petite, grasse,
ronde, encore fraîche et bien conservée; son
fils, quoiqu'il n'eût pas encore atteint toute
sa croissance, avait presque la tête de plus
qu'elle; il était mince, pâle et maigre : on
aurait difficilement rencontré un contraste
aussi frappant.

Le docteur fit l'accueil le plus empressé et
le plus gracieux à la sœur et au neveu de son
ami. Après quelques mots de courtoisie, après
s'être informé des nouvelles de son cher Rigal, le docteur aborda la grande question.
« Eh bien, voilà ce cher enfant dont me parle
l'oncle avec tant d'intérêt dans sa lettre. Eh!
mais, ajouta-t-il après l'avoir envisagé pendant un instant, il ne me paraît pas aussi
malade que cet oncle, que je crois un peu
gâteur, veut bien le dire.

— Oh! Monsieur, je vous assure que mon

frère ne vous a point exagéré l'état d'Adolphe.
Il était si faible, si faible, que nous ne pou-
vions nous décider à lui faire entreprendre
un si long voyage, dans la crainte qu'il ne
pût arriver au terme, et qu'il ne fallût nous
arrêter en route et séjourner dans quelque
auberge de village. Mais c'est lui, continua-
t-elle en montrant son fils, qui a voulu absolument partir. Dès qu'il a su qu'il était
question de venir à Paris, il n'a plus rêvé
qu'à ce voyage, assurant qu'il se sentait la
force de le supporter, et que son mal s'ag-
graverait si on ne l'effectuait pas. Il voulait
même partir par la diligence ou la malle-
poste, afin d'être plus tôt arrivé. Quant à
cela, je n'ai pas cédé; car ces voitures ne
s'arrêtent ni jour ni nuit, et une nuit passée
à rouler sur une grand'route eût été mortelle
pour lui. Je l'ai décidé enfin à consentir à
voyager dans notre voiture avec des chevaux
de poste, afin de pouvoir s'arrêter où et
quand on veut... Eh bien, Monsieur, ce

voyage, loin de le fatiguer, comme je le crai-
gnais tant, a paru lui faire du bien. Il s'in-
téressait aux pays que nous parcourions; il
montrait même de l'appétit, ce qui ne lui
était pas arrivé depuis longtemps; et il a passablement dormi la nuit dernière que nous
avons couché à Étampes.

— Ce sont là, dit le docteur, des sym-
ptômes favorables, et il faut espérer qu'ils se
maintiendront. » Puis il interrogea longue-
ment le jeune homme sur les diverses affections qu'il pouvait éprouver. Adolphe répondit d'une manière nette et précise à ses
questions, ce qui parut satisfaire le docteur. Alors celui-ci lui explora la poitrine au
moyen de la percussion et de l'auscultation;
pendant cette dernière opération, qu'il exé-
cuta d'abord immédiatement, puis avec le
stéthoscope (1), il le fit parler, tousser, res-

---

(1) Le stéthoscope est un instrument d'acoustique des-
tiné à l'exploration de la poitrine. Il a ordinairement la

pirer avec force, afin de reconnaître la manière dont fonctionnaient les organes pectoraux.

Ces épreuves terminées, il dit à la mère :
« Jusqu'à présent, Madame, je n'aperçois
aucun symptôme alarmant dans l'état de
votre fils : le jeu des poumons est régulier,
et nous n'avons pas à craindre pour le moment une de ces affections de poitrine si dan-
gereuses à son âge.

— Ainsi, mon fils n'est pas poitrinaire !
s'écria la mère avec un soupir de soulage-

forme d'une espèce de cornet, composé d'un cylindre de
bois ou de métal, percé dans toute sa longueur d'une
ouverture qui présente la forme d'un entonnoir. Pour
faire usage du stéthoscope, l'observateur tient le cylindre
comme une plume à écrire; il place l'extrémité de l'instrument sur le point de la poitrine qu'il veut explorer; il
applique son oreille à l'autre extrémité, entend distincte-
ment les sons que produisent par leur mouvement les
organes pectoraux, et reconnaît ainsi les altérations qu'ils
peuvent avoir éprouvées. C'est ce qu'on appelle l'auscultation médiate, par opposition à celle qui se fait sans le
secours d'instrument et en appliquant l'oreille sur le point
que l'on veut consulter.

ment; c'était cela que je redoutais par-dessus tout, et je tremblais de vous entendre prononcer cette terrible sentence.

—Non, Madame, il n'est pas poitrinaire, et nous devons chercher ailleurs la cause de cet affaiblissement de ses facultés digestives, et par suite de l'insomnie et du marasme dans lequel il est tombé. Ceci demande une étude plus réfléchie que l'examen sommaire que je viens de faire; pour cela, j'ai besoin de voir cet enfant plusieurs jours de suite, afin de me rendre compte d'une manière plus régulière et plus suivie de la nature de son mal, et de pouvoir indiquer le traitement à suivre pour sa guérison. Demain dans la matinée, j'irai vous voir à votre hôtel, et je continuerai ces visites quotidiennes jusqu'à ce que j'aie obtenu le résultat que j'espère.

— D'ici votre prochaine visite, ne lui ordonnez-vous pas quelques médicaments? J'ai avec moi une petite pharmacie de voyage assez bien fournie : des sirops et des élixirs

de toute espèce, entre autres du sirop anti-
scorbutique et de l'élixir de longue vie; du
vin de quinquina et de la gentiane; de
l'huile de foie de morue, des pastilles de
Vichy, etc.

— Mon Dieu! maman, s'écria Adolphe,
ne pourrais-tu pas me laisser un jour sans
me médicamenter? Vois, depuis que nous
sommes en voyage je n'ai pris aucune de tes
drogues, et cependant j'ai eu plus d'appétit
et j'ai mieux dormi, que je n'avais fait depuis
longtemps.

— Eh! pauvre enfant, dit la mère d'un
ton piteux, où en serais-tu aujourd'hui si je
ne t'avais bien souvent forcé à prendre de
ces choses salutaires que tu appelles avec
mépris des drogues?... D'ailleurs tu feras
ce que M. le docteur décidera, et c'est lui
qui ordonnera les remèdes que tu devras
prendre.

— Pour aujourd'hui, reprit en souriant
le médecin, je ne lui ordonnerai rien,...

qu'une petite promenade dans le jardin du Luxembourg avant dîner, s'il ne se sent pas trop fatigué de son voyage.

— Oh! non, non, Monsieur, dit vivement Adolphe, je ne me sens pas fatigué du tout, et je serais enchanté de parcourir ce beau jardin, que je n'ai aperçu qu'à travers les grilles en venant ici.

— Mais, mon enfant, reprit la mère, je connais mieux la mesure de tes forces que toi-même, rappelle-toi qu'il y a huit jours à peine tu ne pouvais pas aller, en t'appuyant sur mon bras, d'un bout à l'autre de notre jardin de Bourges, et tu parles de parcourir celui du Luxembourg! mais sais-tu que ce jardin est au moins cent fois plus grand que le nôtre? et tu ne pourrais pas en parcourir le quart sans éprouver quelque défaillance.

— Je t'assure, maman, que je me sens bien plus fort que je n'étais à Bourges; puis notre jardin est si triste, si monotone, que je

m'y ennuyais chaque fois que j'allais m'y
promener; au lieu que le jardin du Luxembourg m'a paru beaucoup plus beau, et surtout beaucoup plus gai. J'y ai aperçu de
grands arbres, des fleurs, de la verdure, des
promeneurs qui vont et viennent, des enfants
qui jouent, courent, sautent; j'aimerais à
voir de près toutes ces choses, et je suis sûr
que je ne m'y ennuierai pas.

— Mon Dieu! je ne demanderais pas
mieux, mon cher enfant; car tu sais à quel
point je m'attache à rechercher tout ce qui
peut te plaire, lorsque cela ne saurait compromettre ta santé. Si donc M. le docteur,
après les observations que je viens de faire,
pense encore que tu puisses sans danger faire
cette promenade, nous en ferons l'essai
après notre retour à l'hôtel.

— J'en suis convaincu, Madame; et même
je vous engage, au lieu de retourner à votre
hôtel dans votre voiture, de vous y rendre
d'ici à pied, en traversant le jardin du

Luxembourg. Ce sera d'autant plus facile que la maison que j'habite a une sortie sur ce jardin, et que vous pourrez, sans le quitter, arriver presque chez vous. » (Le docteur Gendrel demeurait rue Madame, dans une de ces maisons qui jouissent d'une communication avec le jardin du Luxembourg, et Mme Vannière était descendue rue de Tournon.)

« Mais je ferai mieux, ajouta le docteur comme frappé d'une idée soudaine et avec le sourire gracieux qui lui était habituel, comme vous ne connaissez peut-être pas très-bien ce jardin et que vous pourriez prendre une fausse direction, j'aurai l'honneur de vous accompagner, si toutefois vous voulez bien me le permettre.

— Oh ! Monsieur, s'écria Mme Vannière, certainement je ne le permettrai pas; malgré tout le plaisir que me causerait votre compagnie, je n'abuserai pas à ce point de votre complaisance, et je sais que votre temps

est trop précieux pour que vous le perdiez à
reconduire vos malades.

— Je n'en ai pas, en effet, l'habitude, reprit le docteur toujours souriant, et j'avoue
que j'aurais trop à faire; mais ce n'est pas le
médecin qui vous offre de vous reconduire,
c'est l'ami intime de votre frère, de ce frère
qui m'a si chaleureusement recommandé son
neveu... A ce titre, vous ne pouvez pas me
refuser; puis, comme l'ami n'oublie pas qu'il
est médecin, je ne serais pas fâché, en cette
dernière qualité, d'observer si notre jeune
malade est aussi fort qu'il le dit; et si par
hasard il éprouvait quelque défaillance,
comme vous semblez le craindre, je serais
là pour y porter remède.

—Eh bien, Monsieur, j'accepte avec bonheur votre offre obligeante; c'est, pour le
moment, la meilleure manière de vous expri-
mer ma reconnaissance.

— En ce cas, Madame, donnez des ordres
pour renvoyer votre voiture, et partons. »

1*

Un instant après une petite grille s'ou-
vrait sur l'allée qui longe le derrière des
maisons de la rue Madame, et le docteur
Gendrel, M⁰ᵉ Vannière et Adolphe en sor-
taient pour entrer dans le jardin du Luxembourg.

CHAPITRE II

La première éducation d'Adolphe Vannière.

Le docteur Gendrel conduisit la mère et le fils dans la grande allée de Fleurus, ainsi nommée parce qu'elle s'ouvre dans l'axe de cette rue, dont elle semble être le prolongement. Adolphe donnait le bras à sa mère, et le docteur marchait à droite de celle-ci. Après avoir fait une centaine de pas dans l'allée, le docteur, qui, tout en marchant et en causant d'un air assez indifférent, ne cessait d'observer son jeune malade, lui dit tout à coup : « Eh bien, mon ami, comment vous trouvez-vous de ce premier essai de vos forces ?

—Très-bien, Monsieur, répondit Adolphe avec empressement, et en jetant sur le médecin un coup d'œil vif et animé par le plaisir qu'il ressentait.

— Vous croyez-vous en état de quitter le bras de votre mère et de marcher un peu seul ?

—Certainement, Monsieur. » Et, en disant ces mots, il se hâta de lâcher le bras de sa mère, et se mit à marcher à grands pas en avant.

« Pas d'imprudence, Adolphe, s'écria Mᵐᵉ Vannière; ne va pas si vite, je t'en prie; tu pourrais t'échauffer et gagner un refroidissement.

— Laissez-le, Madame, dit le docteur à haute voix, de manière à être entendu d'Adolphe, laissez-le marcher un peu en liberté; qu'il aille seulement jusqu'au bout de cette allée, et qu'il s'asseye là, en nous attendant, près de cette balustrade que vous apercevez d'ici. Éprouverait-il quelque lassitude, il ne manque pas à droite et à gauche de bancs et de chaises sur lesquels il pourrait se reposer. Mais ne craignez rien, ajouta-t-il en baissant la voix et avec une légère pointe d'ironie, il n'y a aucun danger; d'ailleurs le mal ne s'avisera pas de l'attaquer en présence d'un médecin.

— Oh! Monsieur, je le vois bien, vous trouvez mes craintes ridicules et exagérées; mais si vous saviez combien cet enfant m'a causé d'inquiétudes et d'alarmes depuis qu'il est au monde, si vous saviez tout ce qu'il a souffert depuis sa dentition jusqu'à ce jour, vous reconnaîtriez que ce n'est qu'à force de soins minutieux et d'attentions constantes que je suis parvenue à lui conserver la vie; et peut-être ne regarderiez-vous pas comme absurdes et poussées à l'excès mes justes appréhensions.

— Dieu me préserve, Madame, reprit le docteur d'un ton grave, de jamais regarder comme absurdes ou ridicules les craintes d'une mère à l'égard de la santé de son enfant! Ces craintes partent d'un principe trop pur et trop naturel pour ne pas nous inspirer souvent de l'admiration, toujours du respect. Mais, permettez-moi, Madame, de vous le dire, tout en respectant, tout en admirant même la mère sous ce rapport, il nous arrive souvent, à nous autres hommes de science, de les trouver aveugles sur l'état plus ou moins maladif de leurs enfants, et sur les moyens qu'elles emploient pour leur conserver ou leur rendre la santé; et alors il est de notre devoir de les éclairer et de leur montrer le danger de la fausse direction qu'elles suivent, et les conséquences funestes qu'elle peut avoir.

— Oh! mon Dieu! s'écria Mme Vannière avec une sorte d'effroi, est-ce que vous pensez, Monsieur, que je me sois trompée dans la manière dont j'ai soigné la santé de mon fils? Est-ce que vous croiriez que cette erreur pourrait entraîner de funestes conséquences? Oh! parlez, Monsieur, je vous en conjure; ne me cachez rien, je ne demande qu'à m'éclairer. J'ai plus de confiance en vous qu'en moi, et si vous supposez que j'aie commis quelque erreur, dites-le-moi franchement; tracez-moi un plan de conduite, et je m'engage à le suivre à la lettre. Je ne tiens nullement à mes idées; ce que je désire avant tout, c'est la santé de mon enfant, et non pas une vaine satisfaction d'amour-propre.

— Bien, Madame, très-bien: voilà le vrai, le digne langage d'une mère, bien fait pour provoquer de ma part, et dans toute sa franchise, le langage de l'ami et du médecin. Oui, je crois, ou plutôt je suppose, que vous vous êtes trompée dans la manière dont vous avez jusqu'ici soigné votre enfant; mais ne vous alarmez pas outre mesure des conséquences qui peuvent résulter de votre erreur. Je pense qu'il n'est pas trop tard pour les combattre; et si, comme vous le dites, vous avez en moi pleine confiance, j'ai bon espoir de pouvoir, avec l'aide de Dieu, arrêter le mal avant qu'il ait fait des progrès irréparables. »

Tandis qu'ils continuaient d'avancer en causant, Adolphe, qui avait atteint l'extrémité de l'allée, revint tout joyeux sur ses pas, et s'écria en s'approchant : « Viens donc, petite mère, voir le beau parterre qu'on aperçoit au bas de cette terrasse. Quelle profusion de fleurs ! quels parfums ! Et puis, des orangers gros comme des arbres, des statues de marbre, et au milieu un grand bassin sur lequel des petits garçons de mon âge font voguer de petits navires à voiles de toutes sortes de forme et de dimension. »

Mᵐᵉ Vannière et le docteur pressèrent le pas comme pour répondre à l'invitation d'Adolphe, qui se remit aussitôt à marcher en avant pour jouir plus tôt du spectacle qui paraissait avoir tant de charme pour lui.

« Eh bien, Madame, dit le docteur dès qu'Adolphe se fut un peu éloigné, vous le voyez, ma première ordonnance produit déjà son effet. Avez-vous remarqué avec quelle rapidité le visage de votre fils, si pâle il n'y a qu'un instant, a repris des couleurs et s'est, pour ainsi dire, transformé?

— Oui, Monsieur; mais cela lui arrive toutes les fois que quelque chose de nouveau ou d'inattendu frappe vivement son esprit, car il est très-impressionnable.

— Tant mieux, Madame; cela prouve qu'il y a chez lui de la sensibilité, de la vie, et avec cela on doit toujours avoir bon espoir.

— Dieu vous entende! » dit en soupirant M⁽ᵐᵉ⁾ Vannière.

On s'assit quelques instants sur la terrasse pour faire prendre un peu de repos à Adolphe, qui prétendait n'en avoir pas besoin, et qui, disait-il, eût été capable de faire le tour du jardin sans se reposer. Sa mère, qui craignait peut-être que le docteur

ne le prît au mot et ne conseillât de prolonger la promenade, s'empressa de prendre
une chaise en disant : « Moi, je ne suis pas
si vaillante, et j'ai besoin de me reposer. »
Et elle s'assit aussitôt.

Adolphe et le docteur en firent autant.
Celui-ci profita de ce moment de repos pour
faire un peu causer son jeune convalescent,
car c'était ainsi qu'il l'appelait, prétendant
que l'air seul de Paris l'avait déjà guéri, et
qu'il était entré en convalescence en entrant dans cette ville. « C'est vrai, répondit
Adolphe, je me sens beaucoup mieux, non-
seulement depuis notre arrivée à Paris, mais
même depuis que nous nous sommes mis en
route. Et puis tout ce que je vois est si nouveau pour moi, si beau, si intéressant, que
je n'ai pas le temps de m'ennuyer, et je crois
que l'ennui était pour beaucoup dans le malaise que j'éprouvais. »

Je m'en doutais, pensa le docteur ; mais je
suis bien aise de le lui entendre dire.

« Comment! mon fils, tu t'ennuyais à la maison! Que ne le disais-tu? j'aurais cherché tous les moyens possibles de te distraire.

— Mon Dieu, maman, je ne le disais pas de peur de vous faire de la peine, à toi et à mon père; d'ailleurs vous deviniez bien cet ennui, et je vous voyais faire mille efforts pour le dissiper; mais malgré tout le désir que j'avais moi-même de me désennuyer, vous n'y réussissiez pas: pourquoi? c'est ce que je ne saurais dire. »

Je le sais bien, moi, se dit en lui-même le docteur.

« Ensuite, continua l'enfant, il est possible que cela vînt de ce que je voyais toujours la même chose, et rien n'est moins gai. Ici, tout ce que je vois est nouveau pour moi, et offre un aspect magnifique. Quel est ce beau et grand bâtiment là-bas à gauche, où il y a un cadran avec une tourelle surmontée d'un drapeau?

— Mon ami, dit le docteur, c'est le palais

du Luxembourg, qu'a fait construire la reine
Marie de Médicis.

— Ah! oui, je sais, cette méchante reine
qui a ordonné le massacre de la Saint-Barthélemy.

— Vous confondez, mon ami, reprit en
souriant le docteur : c'est Catherine de Médicis, veuve de Henri II, qui a pris une part
active à la Saint-Barthélemy, et je vous parle
de Marie de Médicis, épouse de Henri IV, qui,
si elle ne s'est pas distinguée par de grandes
qualités, n'a pas du moins mérité les reproches qu'on a adressés à Catherine. Marie pro-
tégeait les beaux-arts et les artistes, et elle a
laissé plusieurs monuments qui attestent son
goût et sa munificence.

— Et ce beau dôme que nous apercevons
par-dessus les maisons, est-ce le dôme des
Invalides, dont j'ai tant de fois entendu
parler?

— Non, mon ami, c'est l'église Sainte-
Geneviève, bâtie, vers le milieu du dernier

siècle, en l'honneur de la patronne de Paris ; la révolution en a, fait le Panthéon (1).

— Est-ce encore Marie de Médicis qui l'a fait bâtir ?

— C'eût été difficile, dit en riant le docteur ; car elle était morte plus d'un siècle avant qu'on posât la première pierre de ce monument (2).

— Et cet autre dôme que l'on aperçoit sur la droite, comment se nomme-t-il ?

— C'est le Val-de-Grâce, magnifique église bâtie par Anne d'Autriche, par suite d'un vœu qu'elle avait fait, si Dieu lui accordait un fils. Ce vœu fut exaucé, et après vingt-deux ans de mariage, elle donna le jour à un prince

---

(1) Nos lecteurs ne doivent pas oublier que ceci se passe en 1841, et que l'église Sainte-Geneviève n'a été rendue au culte que par un décret du 6 décembre 1851.

(2) La première pierre de l'église Sainte-Geneviève, construite sous la direction de l'architecte Soufflot, a été posée le 1er août 1758, par l'abbé de Sainte-Geneviève. Marie de Médicis est morte en 1642.

qui régna glorieusement plus tard, sous le nom de... de... »

Ici le docteur parut hésiter comme s'il cherchait le nom de ce prince ; en même temps il regardait son jeune interlocuteur, l'interrogeant des yeux pour l'engager à venir au secours de sa mémoire infidèle ; mais Adolphe baissa la tête en rougissant, pour se dérober à cette muette interrogation, et le docteur, ne voulant pas prolonger son embarras, se hâta d'ajouter, comme s'il eût enfin trouvé ce qu'il cherchait, « sous le nom de Louis XIV, surnommé Louis le Grand.

— Tu devrais pourtant savoir cela, observa la mère, car ton précepteur t'a enseigné assez longtemps l'histoire de France, et même tu y étais très-fort, à ce qu'il disait. »

Il n'y paraît guère aujourd'hui, pensa le docteur.

« A la vérité, se hâta-t-elle d'ajouter en s'adressant à celui-ci, comme si elle eût deviné sa pensée, il a été si souffrant depuis quelque temps, qu'il a fallu lui faire cesser toute espèce d'étude, et même remercier son précepteur. »

En ce moment des exclamations bruyantes et joyeuses se firent entendre du côté du bassin. Adolphe se leva avec empressement pour reconnaître la cause de ce bruit, enchanté de trouver un incident qui mît fin à une conversation qui commençait à l'embarrasser un peu, puis à peine eut-il jeté les yeux sur un groupe de jeunes gens d'où partaient ces clameurs, qu'il s'écria :

« Oh ! maman, maman, regarde donc ce gros vaisseau qu'ils portent en triomphe et qu'ils vont lancer dans le bassin. Veux-tu me permettre d'aller voir de près cette jolie embarcation ? »

C'était, en effet, un de ces navires en miniature, mais d'un assez fort échantillon, comme les écoliers en font manœuvrer sur les bassins des jardins publics.

« Je le veux bien, dit Mme Vannière, si tu
ne te sens pas trop fatigué ; mais prends garde
de te mêler à la foule de ces jeunes gens, qui
me paraissent passablement turbulents, et
surtout ne t'approche pas trop du bord du
bassin ; d'ailleurs, si M. le docteur veut bien
le permettre, nous allons te suivre, à moins
que cela ne nous éloigne trop de notre chemin.

— Au contraire, Madame, c'est la direction même que nous devons prendre pour
gagner votre domicile. »

Ils se levèrent aussitôt, descendirent dans
le parterre et suivirent l'allée circulaire qui
conduit au bassin, où Adolphe était déjà
arrivé pour assister au lancement du vaisseau.

« Ah ! mon Dieu, disait la mère en le suivant des yeux, pourvu qu'il n'aille pas recevoir quelque bourrade de ces jeunes étour-
dis ! Il est si faible, qu'une chiquenaude
serait capable de le renverser.

— Ne craignez rien, Madame, ces jeunes
gens sont des élèves de quelque pension du
voisinage, qui viennent passer leur récréation au Luxembourg; voilà près d'eux un
maître qui les surveille, et qui ne leur permettrait pas de se livrer au moindre désordre.
D'ailleurs ce sont tous des enfants apparte-
nant à de bonnes familles; ils sont vifs, turbulents même, comme on l'est à leur âge; mais
ils ne sont point méchants; presque tous sont
même plus petits et plus jeunes que votre
fils...; voyez, à l'exception d'un ou deux, il
dépasse de la tête presque tous les autres; ils
n'oseraient donc pas s'attaquer à lui.

— Ils sont plus petits que lui, cela est
vrai; mais ils sont bien plus forts. Oh!
qu'elles sont heureuses les mères dont les
enfants jouissent d'une santé aussi robuste!
je donnerais volontiers la moitié de ma for-
tune et plus pour voir le mien aussi bien
portant que ces jeunes gens qui jouent avec
tant de gaieté et d'entrain.

— Vous avez raison, Madame; car la santé est le premier des biens. Mais celle dont jouissent la plupart de ces jeunes gens, ils la doivent surtout au régime régulier de la pension, à ce mélange sagement combiné du travail de l'intelligence avec les exercices du corps, mélange qui permet le développement graduel et simultané des forces physiques et des forces intellectuelles. Peut-être, si votre fils eût été soumis à un semblable régime, aurait-il obtenu le même résultat. Est-ce que vous n'avez jamais été tentée de le mettre en pension?

— Oh! Monsieur, je m'en serais bien gardée; avec son tempérament délicat, jamais il n'aurait pu résister à ce régime, dont les effets peuvent être salutaires à des enfants autrement constitués que mon Adolphe, mais qui l'auraient tué infailliblement. Tenez, Monsieur, vous ne sauriez jamais vous imaginer les peines et les soucis que cet enfant m'a donnés dès sa naissance. Je lui avais choisi

pour nourrice la femme d'un de nos forge-
rons, robuste gaillarde, d'une santé floris-
sante, et qui avait trois petits marmots aussi
bien portants que leur mère; et cependant
elle avait à peine l'air de s'occuper d'eux ; ils
étaient à peine vêtus, presque jamais chaus-
sés, toujours nu-tête, toujours au grand air,
par le beau temps comme par la pluie, se
roulant dans la poussière ou pataugeant dans
la boue, et avec cela des figures joufflues et
roses comme des chérubins. Ils étaient, me
dit-on, redevables de cette brillante santé à
la qualité du lait de leur mère, et je ne doutais pas que mon fils, avec une telle nourrice, n'acquît bientôt une santé semblable à
celle de ses frères de lait, surtout si on lui
donnait ces soins délicats, attentifs et conti-
nuels qui avaient manqué à ces pauvres enfants. Aussi je fis à cet égard les plus grandes
recommandations à la nourrice ; et pour m'as-
surer qu'elle les exécutait fidèlement, j'allais
la voir tous les jours, quelquefois même plu-

sieurs fois dans la journée, et lorsqu'elle ne m'attendait pas. Eh bien, malgré ma surveillance incessante, je suis certaine que cette femme négligeait une partie des soins que je lui avais tant recommandés. Le fait est qu'au bout de trois mois mon enfant n'avait pas profité comme il aurait dû le faire. Un jour même, ce pauvre petit être éternua devant moi; c'était un signe qu'il était enrhumé du cerveau, apparemment parce que la nourrice avait négligé de l'envelopper convenablement. Je lui en fis l'observation; elle la reçut fort mal, se fâcha et me dit des choses fort désagréables, au point que je me vis obligée de lui retirer mon enfant. Je pris alors une nourrice chez moi, afin d'être plus à même de la surveiller. Bah! je n'en fus pas mieux servie, et au bout de six semaines je fus forcée de la renvoyer. Ce changement de lait et de nourrice ne fut pas favorable à la santé de mon pauvre petit, et n'a probablement pas peu contribué à lui rendre le tempérament délicat...

— Ce n'est pas *probablement* qu'il faut dire, Madame, interrompit le docteur ; c'est *certainement*. Et une preuve de la bonne constitution primitive de votre fils, c'est qu'il ait pu résister à ces changements et à ce régime. Mais pardon, Madame, de vous avoir interrompue ; veuillez continuer, je vous prie, ce récit, qui m'intéresse, parce qu'il me fait connaître des détails importants au point de vue de la science.

— Après avoir été sevré, il est resté longtemps débile, malgré les précautions que je prenais pour lui épargner la moindre fatigue et toute influence d'un changement trop brusque de température. Dès qu'il a pu marcher, il était tellement disposé à courir et à ne jamais rester en repos, que si je l'avais laissé faire, il eût été chaque jour accablé de lassitude et de courbature. A six ans, c'était un vrai bijou ; on ne pouvait pas voir un enfant

plus joli et plus spirituel ; il avait des repar-
ties charmantes, et toutes les personnes qui
fréquentaient la maison en raffolaient. Il apprenait à lire avec un alphabet de chocolat,
et il fit des progrès si rapides, qu'il fallut
suspendre ce mode d'enseignement, parce
qu'il mangeait ses lettres à mesure qu'il les
prononçait, ce qui avait fini par l'échauffer
d'une manière inquiétante. Je fus obligée de
le mettre à un régime rafraîchissant pendant
plus d'un mois. Je pris alors un maître pour
lui enseigner à lire et à écrire selon la méthode ordinaire ; ses progrès furent retardés
par suite de violents maux de tête auxquels il
commença dès lors à être sujet, et qui lui re-
viennent encore assez souvent. Cependant,
malgré les interruptions fréquentes dans ses
leçons, occasionnées par ses migraines, comme
il a d'heureuses dispositions, il fit assez promptement des progrès réels et qui étonnaient
son maître. On me conseilla alors de l'envoyer
comme externe au collége de Bourges. Je ne

m'en-souciais pas beaucoup ; mais enfin je cédai aux sollicitations de mon mari et de mon frère, votre ami, qui ne cessaient de me répéter : « Est-ce que tu veux élever ton fils comme une demoiselle? Ne faut-il pas qu'il s'habitue à vivre avec des enfants de son âge, afin de se préparer à vivre plus tard avec des hommes? » Adolphe, de son côté, me tourmentait pour le laisser aller en classe avec les autres enfants, espérant trouver autant d'amis que de camarades.

« Je l'envoyai donc au collége. Dans les commencements, cela marcha assez bien. Son professeur était content de sa tenue et de son application pendant la classe; seulement il se plaignit bientôt qu'il ne faisait pas les devoirs et n'apprenait pas les leçons qu'il donnait à faire et à apprendre dans l'intervalle des classes. Ainsi, il aurait exigé que le pauvre enfant, après avoir passé quatre heures en classe, deux heures le matin et autant le soir, travaillât encore à la maison le reste de la journée. Pendant la première semaine, Adolphe voulut se conformer à cette règle ; mais la migraine reparut bientôt, et je fis cesser ce travail excessif. De là les plaintes du professeur. Je m'expliquai là-dessus avec lui ; il finit par me comprendre, et il exempta Adolphe de tout travail hors des heures de classe. Mais voilà que ses camarades furent jaloux de ce qu'ils appelaient une injuste partialité, et ne cessèrent de lui chercher querelle. Un jour un des plus grands garçons de la classe, qui avait été puni pour n'avoir pas su sa leçon, dit effrontément au professeur : « Adolphe Vannière ne la sait pas plus que moi, et si vous ne le punissez pas, c'est moi qui le punirai. » Le professeur redoubla la punition de l'insolent ; mais c'est mon pauvre enfant qui en fut victime. En sortant de classe, ce mauvais garnement tomba sur Adolphe au détour d'une rue, le renversa par terre et l'accabla de coups de pieds et de coups de poing, de sorte qu'il rentra chez moi sans

casquette, le nez ensanglanté, la chemise dé-
chirée, les vêtements souillés de boue et le
corps tout meurtri. Il se mit au lit avec une
fièvre violente, et ce n'est qu'à force d'infu-
sions d'arnica et de vulnéraires que je parvins
à le rétablir, après plus de quinze jours de
souffrance.

« Vous pensez bien qu'après un pareil événement il ne fut plus question de remettre
Adolphe au collége. Je pris un précepteur à la
maison ; c'était un jeune abbé fort pieux, fort
instruit, bien capable de donner à mon fils
de bons principes et d'excellentes leçons. Il
gagna bientôt la confiance de son élève, qui
fit avec lui des progrès étonnants. Il voulut
le pousser encore davantage ; mais moi je m'y
opposai, parce que déjà je m'apercevais que
le mal de tête revenait plus fréquemment.
L'abbé prétendait que je gâtais mon enfant,
que je l'élevais trop mollement ; nous avions
souvent des querelles à ce sujet. « Non, Monsieur, lui disais-je, je ne gâte pas mon fils ;

mais je connais mieux que personne son tempérament. C'est une nature nerveuse et délicate qu'il faut bien se garder de surexciter. Il n'a que trop de dispositions à s'instruire, et il est sage de le retenir plutôt que de le pousser. En un mot, pour me servir d'une expression vulgaire, il a plus besoin de la bride que de l'éperon.

« L'abbé n'insista pas, et se conforma à mes désirs. Seulement, quand arriva l'époque de préparer Adolphe à sa première communion, il voulut avoir plus de liberté d'action sur son élève, et donner le plus d'extension possible à son instruction religieuse. Je ne m'y opposai pas, mais à condition qu'il suspendrait pendant ce temps-là tout autre enseignement. Il y consentit, et, grâce à cette précaution, j'ai eu la consolation de voir mon fils s'approcher dignement, et en connaissance de cause, de l'auguste sacrement de l'autel.

« Quelque temps après sa première communion, l'abbé voulut recommencer ses leçons; mais au bout de deux mois Adolphe tomba malade, et ce fut alors, comme je vous l'ai dit, qu'il fallut lui faire cesser toute espèce d'étude sérieuse, et que son précepteur fut obligé de nous quitter. Dès lors et jusqu'à ce jour le pauvre enfant n'a fait que languir. »

CHAPITRE III

Le grand bassin du Luxembourg.

Le docteur avait écouté avec attention le récit de Mme Vannière, mais non sans laisser parfois errer un léger sourire sur ses lèvres. Il s'apprêtait à lui répondre, quand des cris et des éclats de rire se firent entendre autour du bassin, qu'entourait une foule nombreuse de curieux. Au même instant passaient plusieurs jeunes garçons de douze à quinze ans, riant à gorge déployée et paraissant s'éloigner à la hâte. « Qu'est-il arrivé, Messieurs? D'où vient ce bruit? leur demanda la mère avec inquiétude.

— Ce n'est rien, Madame, répondit d'un air goguenard l'un d'eux, qui portait l'uniforme des mousses de la marine, avec chapeau goudronné, chemise bleue à col rabattu sur les épaules : ce n'est qu'un homme à la mer ; quand je dis un homme, c'est-à-dire un mioche d'un an ou deux ; mais il n'y a pas de danger, les requins ne fréquentent pas ces parages ; d'ailleurs il n'y manque pas de sauveteurs, et le moutard en sera quitte pour un bain rafraîchissant, et sa bonne pour un savon soigné de ses maîtres.

— C'est donc un petit enfant qui est tombé dans l'eau ? interrogea Mme Vannière plus rassurée, mais cependant avec une sollicitude marquée.

— Oui, Madame ; mais il n'a pas eu le temps seulement de se débarbouiller la frimousse, car aussitôt un jeune homme a sauté dans l'eau pour le repêcher, et l'a rendu à sa bonne, qui poussait des cris de Mélusine. Le plus comique de l'affaire, c'est que, quand le sauveteur a voulu sortir du bassin, il ne le pouvait plus ; il a essayé par deux ou trois fois de remonter sur le bord, mais il retombait toujours dans l'eau, ce qui nous a fait rire aux éclats en voyant les contorsions qu'il faisait. Enfin il lui a fallu l'aide de deux ou trois de ses camarades pour le tirer de là... Tenez, tenez, le voilà qui vient de ce côté, escorté de ses deux sauveteurs à lui. » Et, en disant ces mots, il courut rejoindre ses camarades, qui continuaient à s'éloigner.

Les yeux de Mme Vannière s'étaient portés aussitôt dans la direction que lui indiquait le jeune marin. Elle reconnut Adolphe, qui, tout pâle et défait, marchait péniblement en s'appuyant sur le bras de deux jeunes gens de son âge, portant l'uniforme de collégiens. Tous les trois avaient leurs pantalons mouillés jusqu'à la ceinture et couverts de boue. « Oh !

mon fils! s'écria-t-elle éperdue en courant à
sa rencontre; c'est donc toi qui, malgré ton
état maladif, t'es jeté à l'eau pour sauver cet
enfant? » Et elle le prenait dans ses bras et
l'étreignait convulsivement, sans faire attention à la foule qui se rassemblait autour
d'eux, et qui paraissait diversement impres-
sionnée par ce spectacle.

Le docteur, qui était arrivé presque aussitôt que Mme Vannière, fit asseoir Adolphe sur
un banc, car il s'apercevait qu'il allait se
trouver mal; et, tirant de sa poche un flacon
de sels, il le lui fit respirer, en même temps
qu'il cherchait à calmer la mère, dont les
exclamations incessantes attiraient de plus en
plus la foule; elle se pressait autour d'eux
d'une manière assez gênante. Heureusement
qu'un adjudant du palais, accompagné de
deux gardiens, s'étant approché pour savoir
la cause de ce rassemblement, fit aussitôt
éloigner les importuns; puis, s'approchant
de Mme Vannière et du docteur, il leur offrit

de faire transporter le malade jusqu'à la grille de l'Odéon, où ils trouveraient des voitures.

« C'est inutile, dit Adolphe, qui avait repris ses sens ; je me sens bien maintenant, et je suis en état de marcher jusqu'à notre hôtel, dont nous ne sommes pas éloignés.

— Nous vous y accompagnerons, dirent les jeunes gens qui l'avaient retiré du bassin.

— Merci, Messieurs, reprit Adolphe ; vous avez autant que moi besoin de changer de vêtements, et je ne veux pas abuser de votre complaisance. D'ailleurs, je vous l'ai dit, je suis assez fort pour marcher seul, et, au besoin, le bras de ma mère me suffira. Mais, avant de nous séparer, je désirerais connaître les noms de mes deux sauveteurs, afin que je sache au moins à qui doit s'adresser ma reconnaissance.

— Je m'appelle Edmond Grousset, dit le

plus âgé, élève de troisième dans une pension de la banlieue.

— Et moi, Constant Dulaurier, reprit l'autre, élève de la même pension et de la même classe. Mais, à notre tour, ajouta-t-il, nous désirons vivement savoir votre nom, parce que c'est celui d'un garçon courageux, qui, faible et souffrant, n'a pas craint de compromettre sa santé pour sauver un enfant qui courait un danger réel; tandis que nous, qui nous portons à merveille, nous ne compromettions que la propreté de nos chaussures et de nos pantalons pour vous rendre un léger service.

—Eh bien, Messieurs, je m'appelle Adolphe Vannière, je suis de Bourges, et n'ai présentement d'autre qualité que celle de voyageur pour sa santé, descendu avec ma mère à l'hôtel de Joseph II, rue de Tournon.

— A notre premier jour de sortie, reprit Edmond, nous irons nous informer de vos nouvelles, si Mme votre mère, ajouta-t-il en se tournant vers Mme Vannière, veut bien nous le permettre.

— Comment! Messieurs, s'écria celle-ci, ce sera avec le plus grand plaisir; soyez persuadés que j'éprouverai toujours un vrai bonheur à revoir des jeunes gens qui ont montré tant d'empressement et de zèle à secourir mon fils.

— Et moi, dit vivement Adolphe, je serai enchanté de faire avec vous une plus ample connaissance. »

Là-dessus, les trois jeunes gens échangèrent entre eux de cordiales poignées de main; puis les deux écoliers regagnèrent les bords du bassin, où ils avaient laissé quelques camarades, tandis qu'Adolphe prenait le bras de sa mère et se disposait à se lever pour partir.

« Restez assis encore quelques minutes, dit le docteur, en vous plaçant en plein soleil pour éviter un refroidissement; je viens d'apercevoir une personne à qui j'ai un mot à dire : je reviens à vous dans l'instant.

— Mais, Monsieur, dit Adolphe, ne vous donnez pas la peine de nous accompagner plus loin ; je me sens aussi bien qu'avant ce petit événement, et je pourrais même regagner seul notre hôtel, si ma mère le permettait.

— Non, certes, je ne te permettrai pas une pareille imprudence, reprit vivement Mme Vannière ; et puisque M. le docteur veut bien encore nous accompagner jusqu'à notre domicile, j'accepte avec reconnaissance son offre ; car que deviendrais-je s'il te prenait encore une faiblesse comme tout à l'heure? »

Tandis que Mme Vannière parlait encore, le docteur s'était éloigné rapidement, et avait rejoint Edmond et Constant, qu'il n'avait pas perdu de vue depuis qu'ils avaient quitté Adolphe. Il leur fit signe de s'approcher de lui derrière un buisson de lilas, d'où ils ne pouvaient être aperçus d'Adolphe et de sa mère. « Mes amis, leur dit-il quand ils l'abordèrent, vous appartenez à la pension Thomassin de Bellevue ?

— Oui, Monsieur.

— Il n'y a pas longtemps, sans doute ; car je connais la plupart de ses élèves, et je ne me rappelle pas de vous avoir vus chez lui.

— Nous n'y sommes que depuis les vacances de Pâques dernier, dit Edmond.

— En ce cas, je comprends que je ne vous connaisse pas encore, car je n'y ai pas fait de visite depuis cette époque. M. Thomassin est-il à Paris aujourd'hui ?

— Non, Monsieur ; il a dû accompagner les autres élèves dans une grande promenade au bois de Ville-d'Avray ; nous qui connaissons déjà ce bois, nous avons demandé la permission de passer cette journée auprès de nos parents, que nous n'avions pas vus depuis Pâques ; ce soir nous retournerons à Bellevue par le train de sept heures.

2*

— C'est fort bien, mes amis ; en ce cas, voulez-vous vous charger de remettre cette carte à mon ami Thomassin, et de lui dire que je le prie instamment de passer chez moi aussitôt qu'il le pourra : j'ai à causer avec lui d'une affaire importante.

— Votre commission sera faite immédiatement après notre arrivée ; mais à quelle heure M. Thomassin devra-t-il se présenter chez vous ?

— Il sait les heures où il est sûr de me rencontrer ; car il est rare qu'il passe une semaine sans venir me voir. Ainsi, mes amis, je compte sur vous, et je vous prie de recevoir d'avance mes remercîments. » A ces mots, il leur fit un salut plein de bienveillance, et se hâta de rejoindre Mᵐᵉ Vannière et son fils.

« Eh bien ! mon ami, dit en arrivant le docteur, vous sentez-vous toujours en état de marcher ?

— Oh ! parfaitement, Monsieur, et je ne

serai pas fâché de me dégourdir un peu les
jambes ; car, malgré la chaleur du soleil, je
sens que je commence à me refroidir. »

Il se leva aussitôt, prit le bras de sa mère,
et tous les trois se dirigèrent assez rapidement vers la sortie du Luxembourg, du côté
de l'Odéon. En quelques minutes ils arrivè-
rent à l'hôtel, et montèrent aussitôt dans leur
appartement.

Mme Vannière voulait qu'Adolphe se mît au
lit ; celui-ci ne s'en souciait guère ; et, sur
l'observation du docteur, elle consentit à ce
qu'il changeât seulement de pantalon, de
bas et de souliers. Cette opération terminée,
Adolphe parut parfaitement remis des diverses émotions qu'il venait d'éprouver ; le
docteur lui tâta le pouls, lui fit prendre un
léger cordial, puis assura que son accident
n'aurait aucune suite. Mme Vannière, un peu
tranquillisée, adressa alors à son fils quelques reproches sur l'imprudence qu'il avait
commise, et qui aurait pu lui être fatale.

« Mais, maman, répondit Adolphe, je ne pouvais pourtant pas laisser se noyer ce pauvre petit enfant, qui avait entièrement disparu sous l'eau, sans lui porter secours.

— Sans doute ; mais comme tu ne pouvais pas le secourir toi-même sans t'exposer à un danger plus grand peut-être que celui que courait l'enfant, ne pouvais-tu pas appeler à son secours ? Il ne manquait pas autour du bassin de personnes plus fortes que toi qui se fussent empressées de sauver ce petit être, sans en ressentir d'autre inconvénient que de se mouiller un peu les jambes dans de l'eau, qui n'était pas froide, à ce que tu m'as dit, tandis que toi tu courais le risque d'attraper une bonne fluxion de poitrine ou peut-être pis encore.

— Ma foi, maman, je n'ai pas réfléchi si long, ou plutôt je n'ai pas réfléchi du tout ; en voyant ce pauvre enfant qui se débattait dans le bassin, en entendant les cris de sa bonne ou de sa mère, car dans le moment je pensais que c'était sa mère, j'ai sauté dans l'eau comme je me serais baissé pour le relever s'il était tombé à terre devant moi. Que voulez-vous, ce mouvement est si simple, si naturel que je recommencerais encore si une occasion semblable se présentait.

— Bien, mon ami, reprit le docteur, voilà les sentiments que j'aime à rencontrer chez les jeunes gens; c'est la preuve d'un bon cœur qui ignore les froids calculs de l'égoïsme.

— Ce n'est pas moi, Monsieur, dit Mᵐᵉ Vannière d'un ton un peu sec, qui inspirerai jamais à mon fils des sentiments égoïstes; je suis trop fière pour cela du bon cœur qu'il montre en toute occasion; il ne faut pas cependant que toujours et partout le cœur emporte la tête. On peut être généreux, dévoué, disposé à secourir son semblable, sans toutefois manquer de prudence. Adolphe s'est jeté dans ce bassin, dont l'eau n'était ni froide ni profonde; mais il l'ignorait; il n'y est resté qu'un instant, et il n'en résultera pour lui aucune suite fâcheuse, c'est bien ; mais si l'eau eût été glacée, profonde et rapide, il aurait agi de même, et il eût péri victime de son dévouement avec l'enfant qu'il voulait sauver. Dans ce cas, les étrangers, les indifférents auraient pu admirer son dévouement, tout en blâmant son imprudence, tandis que sa pauvre mère eût été frappée d'un coup mortel.

— Mon Dieu, Madame, dit le docteur d'un ton grave et pénétré, dans toutes les circonstances de la vie où il s'agit de montrer du dévouement, il y a des dangers plus ou moins sérieux à craindre, autrement il n'y aurait pas de mérite. S'il fallait toujours soumettre ces dangers au calcul de la prudence, qui courrait éteindre un incendie quand on crie : Au feu ? Qui se hasarderait à affronter une mer en courroux, quand il faudrait sauver des malheureux naufragés en détresse ? Quel médecin, quel prêtre oserait, en temps d'épidémie, pénétrer dans les salles des hôpitaux encombrées de malades et de mourants, pour porter aux uns les secours de la science, et aux autres les consolations de la religion?... Heureusement que, dans ces circonstances, Dieu donne la force et le courage aux plus faibles ; et soit qu'ils réussissent ou qu'ils succombent dans leur noble entreprise, il se charge de les récompenser dignement.

— Oh ! Monsieur, reprit Mme Vannière, vous avez raison, mille fois raison, je pense, et, soyez-en persuadé, j'ai toujours pensé comme vous sur ce point ; mais que voulez-vous, la sollicitude maternelle égare souvent notre raison, et si l'égoïsme est parfois excusable, ce doit être chez une mère inquiète du sort et de l'avenir de son enfant.

— Vous avez raison, Madame, vous dirai-je à mon tour, répondit le docteur en reprenant son air enjoué et gracieux ; c'est moi qui ai eu tort d'entamer une discussion sur

des suppositions et des généralités, quand
nous avons à remercier Dieu d'un fait réel,
et à louer votre fils d'une bonne action, qui,
si elle n'a pas l'importance et la gravité de
celles dont je viens de parler, n'en est pas
moins digne d'éloges. Mais je suis persuadé
que déjà il est récompensé par la satisfaction intérieure qu'il éprouve d'avoir peut-
être sauvé la vie à une créature humaine,
et d'avoir rendu un enfant à sa mère; sans
ce dévouement elle serait sans doute en ce
moment plongée dans les larmes et le déses-
poir, tandis qu'elle bénit le sauveur inconnu
de son fils, et que les prières de reconnaissance qu'elle adresse au Ciel contribuent à
attirer sur votre cher Adolphe les bénédic-
tions de Dieu.

— Oh! oui, cette pauvre mère!... elle
doit être fort heureuse... Eh bien, voyez
mon égoïsme, je n'avais pourtant pas
songé à cette pauvre femme : et toi,
Adolphe?

— Ma foi, ni moi non plus, excepté dans le moment où, comme je vous l'ai dit, j'ai pris la bonne de l'enfant pour sa mère.

— Oh! moi, je ne m'y serais pas trompée; une mère n'aurait pas eu l'imprudence d'abandonner son enfant au bord de ce bassin; puis, si un malheur était arrivé, elle ne se serait pas éloignée sans témoigner au sauveur de son enfant toute sa reconnaissance, et cette fille ne t'a peut-être pas seulement remercié.

— Je crois que si, mais j'y ai fait peu d'attention; du reste, ce qui m'a causé le plus de plaisir dans cette aventure, c'est d'avoir fait la connaissance de deux charmants et braves garçons. S'il m'est donné de cultiver cette connaissance et de gagner leur amitié, ce sera pour moi la plus douce récompense de ce que M. le docteur veut bien appeler une bonne action.

— Tu parles de ces jeunes gens qui t'ont aidé à sortir de l'eau? Mais tu ne peux pas dire que tu as fait leur connaissance, puisque tu ne les as vus qu'un instant, lorsqu'ils t'ont ramené, et que tu as à peine causé avec eux.

— Pardon, maman, je les avais vus quelque temps avant l'événement, et j'avais causé avec eux dès mon arrivée auprès du bassin. On venait de lancer ce gros bâtiment que j'avais aperçu du haut de la terrasse; la foule était si compacte autour du bassin, que je ne pouvais approcher, et que je ne voyais rien. Ces deux jeunes gens, qui se trouvaient précisément devant moi, ayant remarqué mon embarras, m'ont fait aussitôt une place à côté d'eux, et la conversation s'est bientôt engagée entre nous. Outre le gros vaisseau qui voguait à pleines voiles, une foule de petites embarcations de toute forme et de toute dimension couvraient le bassin. Ce spectacle m'amusait beaucoup. Cependant une chose m'intriguait, je ne comprenais pas comment tous ces bateaux, étant poussés par le même vent, pouvaient aller dans toutes sortes de directions, se croiser en tous sens, tantôt suivre une ligne droite, tantôt former une courbe et revenir sur eux-mêmes à leur point de départ. Comme je témoignais tout haut mon étonnement de ce phénomène, de grands éclats de rire se firent entendre près de moi, et une espèce de jeune marin, entouré d'autres jeunes gens assez mal vêtus, cria en formant un porte-voix avec sa main : « Ohé! les autres, venez donc voir ce m'sieu, qui demande si les petits bateaux qui vont sur l'eau, ils ont des jambes. » Et il chantait ces dernières paroles sur un air connu, en ajoutant : « Est-il jobard ce grand pâlot! » Je crois que dans ce moment-là je ne devais plus être « pâlot, » car je sentais le sang me monter à la figure, et, tout honteux, j'allais me retirer, quand mes deux voisins m'ont pris par la main pour me retenir en me disant : « Eh bien! est-ce que vous allez faire attention aux propos de ces méchants gamins? Vous leur feriez trop de plaisir si vous les preniez au sérieux et si vous vous en fâchiez. » Et ils se sont mis à m'expliquer avec beaucoup de complaisance et de clarté comment, en disposant les voiles d'une certaine façon, un navire suivait nécessairement certaine direction, tandis qu'un autre, dont les voiles étaient disposées autrement, suivait une direction différente et même opposée. Pour mieux me faire comprendre leurs explications par un exemple, ils ont retiré de l'eau une petite embarcation qui leur appartenait et qu'ils appelaient un sloop, en ont arrangé les voiles, puis l'ont replacée sur le bassin, en m'indiquant le point où elle allait aborder; en même temps l'un d'eux, celui qui s'appelle Edmond, est parti pour l'attendre en cet endroit. Mais en route la petite embarcation a rencontré le gros navire « Gare à l'abordage, criaient en riant le petit marin et ses camarades, le sloop va être coulé ! » Il ne le fut pas; mais le choc lui fit changer de direction. Alors Constant courut pour le recevoir au nouveau point où il jugeait qu'il allait aborder. C'est dans ce moment qu'un enfant est tombé dans l'eau. Je ne sais pas comment la chose est arrivée, j'avais les yeux tournés d'un autre côté; mais je serais assez porté à croire que le petit marin et ses camarades n'étaient pas étrangers à cet accident, car ils riaient aux éclats et faisaient des plaisanteries qui me révoltaient, et le mousse a dit à la bonne qui jetait les hauts cris : « Combien voulez-vous me donner pour repêcher votre moutard ? » Indigné d'une telle proposition, et de voir que ces jeunes gens qui se trouvaient plus près que moi de l'enfant mettaient si peu d'empressement à le secourir, je me suis jeté à l'eau, et j'ai eu le bonheur de retirer l'enfant, qui avait déjà entièrement disparu. C'est alors que mes nouveaux amis sont accourus avec empressement, sans s'occuper de leur bateau, qu'ils n'ont peut-être pas retrouvé, et qu'ils se sont jetés

3

à l'eau pour venir à mon aide. Vous savez le reste.

— Ma foi, mon cher Adolphe, dit le docteur, si, comme vous l'espérez, vous avez gagné deux amis dans cette circonstance, vous aurez été, en effet, bien récompensé de votre action ; car les vrais amis sont ce qu'il y a de plus rare et de plus précieux. Du reste, je ne vois rien d'impossible à cela : ces jeunes gens m'ont paru fort bien, et ils ont témoigné le désir de vous revoir.

— Certainement, reprit Mme Vannière, ces jeunes gens sont très-bien, et je ne serais pas fâchée qu'Adolphe les vît quelquefois pendant notre séjour à Paris : ce serait pour lui une agréable distraction. Quant à former avec eux une liaison suivie, cela me paraît difficile, pour ne pas dire impossible.

— Et pourquoi, maman, cela serait-il impossible?

— Pourquoi? Mais tu ne songes pas, mon

ami, que nous ne sommes ici qu'en passant,
et qu'aussitôt après ton rétablissement nous
retournerons dans le Berri. D'ailleurs, pour
se lier avec eux, il faudrait avoir ensemble
des relations fréquentes, et ces jeunes gens
ne sont pas libres de leur temps; ils sont
dans une pension, et ils ne pourraient te voir
que les jours de sortie, c'est-à-dire deux ou
trois fois par mois au plus, et encore ces
jours-là ils ne pourraient te consacrer que
quelques instants, car ils se doivent avant
tout à leur famille. Puis il y a aussi d'autres
considérations : il ne faut pas toujours juger
les gens sur l'apparence. Qui pourrait répondre que ces jeunes gens, dont nous ne
connaissons ni les antécédents, ni le carac-
tère, ni la famille, méritent réellement de
devenir tes amis, quoiqu'ils se soient pré-
sentés sous un jour très-favorable dans
votre première rencontre? Enfin je suppose
que tous ces obstacles disparaissent, et que
tu formes avec eux une étroite liaison, songe

qu'il faudrait bientôt vous séparer, et ce serait pour toi une cause de chagrin, qu'il est prudent de prévoir et d'éviter.

— Oh! maman, je t'en prie, supprime cette dernière considération ; car j'avoue que je ne pousserai jamais la prudence au point de me priver de l'amitié de quelqu'un qui en sera digne, uniquement parce que, dans un temps plus ou moins éloigné, je serai forcé de m'en séparer.

— Allons, allons, dit le docteur, ne discutons pas sur des éventualités encore fort incertaines, et occupons-nous du présent. Je vais vous quitter, Madame, et je vous laisse votre fils parfaitement calme, et remis de la forte émotion qu'il a éprouvée. Demain je viendrai le voir dans la matinée.

— Est-ce que d'ici là vous n'ordonnez aucun médicament?

— Aucun. Quand il se sentira appétit, faites-lui manger un potage léger et un peu de blanc de volaille ; faites-lui boire un demi-verre de vin vieux trempé d'eau, et qu'il se couche de bonne heure. Voilà, pour aujourd'hui, toutes mes prescriptions. »

———

CHAPITRE IV

Le laudanum.

Le lendemain, vers onze heures du matin, le docteur Gendrel se présenta chez Mme Vannière. Elle courut à sa rencontre la figure bouleversée, et lui dit en l'abordant : « Ah ! Monsieur, je vous attendais avec impatience, et j'ai été plus d'une fois tentée de vous envoyer chercher ; mais j'ai réfléchi que c'était l'heure de vos visites, et qu'on ne vous aurait probablement pas trouvé chez vous.

— Qu'y a-t-il donc, Madame ? s'écria le

docteur stupéfait; votre fils, que j'ai laissé hier soir en si bonne disposition, serait-il plus mal?

— Hélas! le pauvre enfant a passé une nuit terrible. Hier, après votre départ, il m'a dit qu'il avait grand'faim. Il y avait long-temps que cela ne lui était arrivé. J'ai fait servir à dîner, et le cher enfant a mangé, avec un appétit extraordinaire, des différents mets que l'on nous avait servis, entre autres d'un vol-au-vent qu'il a trouvé délicieux...

— Mais, Madame, interrompit le docteur, je vous avais recommandé de ne lui donner que des viandes légères et rôties.

— Sans doute; mais le vol-au-vent n'est-il pas une nourriture légère, comme son nom l'indique?

— Jusqu'à un certain point, en choisissant ce qui pourrait être le plus convenable dans la garniture; mais la croûte est toujours un mets fort lourd : en a-t-il aussi mangé?

— Oui..., Monsieur, » répondit-elle avec
une certaine hésitation ; puis, comme pour
atténuer cet aveu, elle s'empressa d'ajouter :
« Oh ! d'abord je ne le voulais pas ; mais il la
trouvait si bonne, que je n'ai pu lui en refuser... Après le dîner, il se trouvait assez
bien, et ne se sentait point l'estomac chargé.
Il voulait même retourner faire un tour de
promenade au Luxembourg ; je m'y suis
opposée. Il s'est couché à neuf heures, disant
qu'il se sentait disposé au sommeil ; mais le
bruit de la rue et des voitures, qui n'ont
cessé de circuler une partie de la nuit, l'ont
empêché de fermer l'œil. Vers minuit, il s'est
plaint de coliques et d'un grand mal de tête.
Je me suis relevée, et je lui ai fait du thé. Il
a rendu une partie de ce qu'il avait mangé ;
cela l'a un peu soulagé ; cependant le mal de
tête continuait toujours, accompagné d'une
agitation nerveuse qui se manifestait à
chaque instant par des soubresauts, ce qui
l'empêchait de se reposer et de dormir...

Vers quatre heures du matin, je lui ai fait prendre, pour le calmer, un verre d'eau sucrée dans lequel j'ai mis quelques gouttes de laudanum, et enfin il s'est assoupi depuis ce moment-là; toutefois son sommeil a été agité et souvent interrompu.

— Comment! Madame, vous lui avez donné du laudanum?

— Oui, Monsieur; quelques gouttes seulement.

— Je vous avais expressément défendu de lui administrer aucun médicament.

— On ne pouvait pas prévoir ce qui est arrivé, et il fallait bien calmer cet enfant et lui procurer un peu de repos.

— Voyons-le, » dit brusquement le docteur; et il passa aussitôt dans la chambre où Adolphe était couché. Il était encore assoupi; mais le bruit, quoique fort léger, que firent en entrant le docteur et Mme Vannière, le réveilla. M. Gendrel, d'un coup d'œil, remarqua l'altération de ses traits, l'inflammation de ses paupières, et un cercle bleu qui entourait ses yeux. Le jeune homme, en apercevant le docteur, lui dit d'une voix faible et en s'efforçant de sourire : « Bonjour, Monsieur, je ne suis pas aussi bien ce matin que j'étais hier ; me voilà retombé dans l'état où j'étais avant de quitter Bourges. J'avais espéré que ma maladie n'avait pas osé me suivre jusqu'à Paris ; mais je vois que je m'étais trompé.

— Non, mon ami, répondit le docteur en lui tâtant le pouls, vous ne vous étiez pas trompé ; le malaise que vous éprouvez aujourd'hui n'est point causé par votre ancienne maladie ; il vient d'une petite imprudence que vous avez commise hier soir à dîner, imprudence qui, je l'espère, n'aura pas de suites sérieuses si vous vous conformez strictement au régime que je vous prescrirai. Avez-vous encore mal à la tête ?

— Non, Monsieur, la tête ne me fait plus mal ; seulement je la sens très-alourdie ; mais j'éprouve des courbatures douloureuses dans tous les membres.

— Cela ne sera rien, et il vous suffira, pour vous remettre sur pied comme vous étiez hier, d'un jour ou deux de repos, et surtout de suivre scrupuleusement le régime que je vais vous prescrire. »

En même temps il s'assit à une table et écrivit une longue ordonnance qu'il lut à haute voix, afin que le malade en prît connaissance, et que si par hasard sa mère oubliait quelques-unes de ses prescriptions, il pût les lui rappeler.

En se retirant, et lorsqu'il se trouva seul dans la chambre voisine avec Mme Vannière, il lui dit d'un ton grave et presque sévère : « Madame, vous avez commis une grande imprudence en permettant à votre fils de manger avec excès, relativement à la faiblesse de son estomac, et surtout de manger des aliments lourds, tels que de la pâtisserie. Il en est résulté une forte indigestion, qui, en toute circonstance, est toujours une altération fâcheuse de la santé, mais qui, dans l'état où est votre enfant, peut avoir pour lui les conséquences les plus funestes. Vous avez commis une seconde imprudence non moins grave que la première, en lui faisant prendre une composition pharmaceutique qu'un médecin ne prescrit jamais lui-même qu'avec une extrême prudence, dans des cas exceptionnels, et à des doses rigoureusement calculées. Cette pesanteur de tête, cette prostration des forces, cette atonie du regard, sont les effets de l'emploi de ce narcotique, donné à contre-temps, et à doses exagérées.

— Oh! Monsieur, je vous assure que je n'en ai mis que trois petites gouttes à peine, et que plusieurs fois déjà, d'après l'avis des médecins de Bourges, j'ai eu recours à ce moyen pour combattre son insomnie; et cela m'a toujours réussi, sans avoir jamais eu de suites funestes.

—En êtes-vous bien sûre, Madame? reprit
le docteur d'un ton plus sévère encore, et en
appuyant sa question d'un regard qui fit fris-
sonner Mme Vannière, pourriez-vous affirmer
avec certitude que l'administration de ce poison, car vous savez que le *laudanum* est un
poison des plus violents, n'a pas contribué
à aggraver l'état de votre enfant, au point
de rendre aujourd'hui la guérison, je ne dis
pas impossible, mais fort difficile ?

—Mon Dieu, Monsieur, s'écria Mme Vannière toute bouleversée, vous m'effrayez !
Oh! ne m'abandonnez pas, je vous en conjure, j'ai toute confiance en vous, sauvez
mon enfant, je vous en supplie...

—Eh bien ! Madame, si vous avez confiance en moi, si vous voulez que j'entre-
prenne la guérison de votre fils, il faut me
promettre de vous conformer avec la plus
scrupuleuse exactitude d'abord à l'ordonnance que je viens d'écrire, puis à toutes les
prescriptions que je jugerai convenable de

vous tracer ensuite; enfin, et surtout, de
vous abstenir de lui administrer aucun remède ou médicament de votre pharmacie
particulière, à moins que je ne l'aie ordonné.

— Je vous jure, Monsieur, répondit-elle
avec une sorte d'exaltation, que je vous
obéirai aveuglément; mais vous, de votre
côté, vous me promettez de sauver mon
fils!

— Madame, reprit le docteur avec dignité,
une semblable promesse serait téméraire de
ma part; Dieu seul est maître de la vie et de
la mort, et lui seul pourrait vous faire une
semblable promesse. Quant à moi, ce que je
puis vous garantir, c'est d'employer à la guérison de votre enfant tout ce que Dieu m'a
donné d'intelligence, et toute la science que
j'ai pu acquérir par trente ans d'étude. Encore, avant de me charger d'une telle res-
ponsabilité, j'ai besoin, comme je vous l'ai
dit hier, d'étudier pendant quelques jours
la nature de la maladie de votre fils, afin

d'agir avec plus d'assurance. » A ces mots,
il salua Mme Vannière, et se retira.

Le docteur Gendrel avait-il réellement besoin d'étudier plus longtemps la maladie
d'Adolphe, pour savoir comment il devait la
traiter? Non, car dès sa première entrevue
avec la mère et l'enfant, son opinion avait été
formée sur la nature de cette maladie et sur
la thérapeutique à employer pour la combattre. Seulement, pour appliquer d'une manière efficace la méthode curative qu'il avait
imaginée, il avait conçu un projet qu'il jugea
à propos de ne pas communiquer à la mère
avant d'en avoir fait part au père et à l'oncle
de l'enfant, afin d'avoir leur entière approbation, et qu'au besoin ils décidassent eux-
même Mme Vannière, dans le cas où elle serait
peu disposée à consentir à sa proposition. Ce
n'était donc qu'après avoir reçu la réponse
de ces messieurs qu'il pourrait déclarer à la
mère à quelles conditions il se chargerait de
soigner son fils. Tel était le motif qui lui avait

fait demander plusieurs jours de délai, sous
prétexte d'étudier la maladie.

Dès qu'il fut de retour chez lui, le docteur Gendrel écrivit à son ami Rigal une
longue lettre dans laquelle il lui faisait part
du résultat de ses observations sur l'état de
son neveu, et des moyens qu'il croyait propres à lui rendre la santé... « Cet enfant, lui
« disait-il entre autres, est un charmant gar-
« çon, plein de cœur et de bons sentiments,
« qui suffiraient à m'inspirer le plus vif in-
« térêt pour lui, quand même il ne serait pas
« le proche parent de mon meilleur ami.
« Malheureusement il a été gâté dès son
« enfance par ses parents, ou plutôt par sa
« mère, qui, d'après ce que j'ai cru remar-
« quer, s'est occupée seule de son éduca-
« tion. On l'a élevé, comme on dit, dans
« du coton ; son corps, énervé par la mol-
« lesse, n'a pu prendre un accroissement
« normal, et son intelligence, faute de cul-
« ture, est restée faible et n'a pu se déve-

« lopper. A force de petits soins, d'attentions
« délicates pour lui conserver la santé, on
« l'a compromise et altérée au point que, si
« l'on ne change pas promptement et radi-
« calement sa manière de vivre, son mal ne
« fera que s'aggraver et deviendra bientôt
« incurable. » Il terminait sa lettre en lui
faisant part du projet qu'il avait imaginé, et
dont il espérait le plus grand succès; mais
pour l'exécuter il lui fallait le consentement
et l'autorisation du chef de famille, qui lui
donnerait plein pouvoir sur son fils pendant
toute la durée du *traitement* qu'il allait entreprendre.

Courrier par courrier, il reçut de son ami
Rigal une lettre de remercîments chaleureux
pour l'intérêt qu'il portait à son neveu, et
l'approbation complète du projet qu'il avait
formé. « Mon beau-frère, ajouta-t il, est en-
« chanté de ce projet; il a saisi parfaitement
« ton idée, et il en augure le meilleur ré-
« sultat. Il t'envoie ci-joints des pouvoirs

« réguliers pour agir dans cette affaire
« comme tu l'entendras ; et afin qu'aucun
« obstacle ne t'arrête, il t'ouvre chez son
« banquier un crédit suffisant pour couvrir
« tous les frais et toutes les dépenses néces-
« saires à l'accomplissement de *notre* projet ;
« je dis *notre*, car maintenant que nous
« l'avons adopté, il est à nous comme à toi.
« M. Vannière espère que sa femme ne fera
« de son côté aucune difficulté d'acquiescer
« à nos intentions, surtout quand tu lui au-
« ras fait envisager la chose au point de vue
« dont tu me parles dans ta lettre. Cependant
« si, ce que je ne suppose pas, ma sœur
« voulait faire quelque opposition, tu pas-
« serais outre en vertu des pouvoirs dont tu
« es revêtu ; car son mari est résolu ferme-
« ment à tenter à tout prix une épreuve
« qu'il regarde comme la dernière planche
« de salut pour son fils. »

À cette lettre en était jointe une de M. Vannière, confirmant pleinement le contenu de

celle de M. Rigal, et contenant les pouvoirs
annoncés, ainsi que l'ouverture du crédit
chez un des principaux banquiers de Paris.

En attendant cette réponse, le docteur
Gendrel avait continué chaque jour ses visites au jeune malade. Grâce à la stricte
observation du régime qu'il avait prescrit,
l'indigestion d'Adolphe n'avait pas eu de
suites graves, et un mieux sensible s'était
manifesté dans son état. A chacune de ses
visites, Mme Vannière espérait que le docteur
lui ferait connaître la décision qu'il avait
annoncée; mais pendant quatre jours il garda
un silence qui ne faisait qu'augmenter son
inquiétude. Enfin, le cinquième, après la
visite accoutumée, le docteur fit signe à
Mme Vannière qu'il désirait lui parler en par-
ticulier. Dès qu'ils furent seuls, il lui dit
de ce ton sérieux et imposant qu'il savait
prendre quand il voulait prévenir les objec-
tions : « Maintenant, Madame, mon opinion
est fixée sur la maladie de votre fils, ainsi

que sur le traitement à employer pour la combattre. Cette maladie est fort grave, et demandera un temps assez long et beaucoup de précautions pour être convenablement conduite jusqu'à complète guérison. Je consens à me charger de ce soin comme je vous l'ai promis, mais à une condition expresse, c'est que vous me confierez votre enfant pendant tout le temps nécessaire à son traitement.

— Comment! Monsieur, s'écria Mme Vannière, vous le prendriez donc en pension chez vous?

— Non, Madame, cela me serait tout à fait impossible; mais je le placerai dans une maison de santé dont je suis le médecin en chef, et qui est tenue par un de mes anciens élèves, homme très-capable et habitué depuis longtemps à donner des soins à des jeunes gens de l'âge d'Adolphe. C'est, comme on dit, sa spécialité; de plus, il est secondé par des aides fort instruits, et surtout par sa femme, ange de douceur et de bonté, qui soigne avec une sollicitude toute maternelle les enfants confiés à son mari. Votre fils trouverait donc dans cette maison, outre les soins les plus intelligents et les plus délicats, une société agréable et choisie, qui lui en rendrait le séjour vraiment attrayant; car je dois vous faire observer que mon ami ne reçoit dans son établissement que des jeunes gens de très-bonne famille, et comme il n'en peut admettre qu'un nombre très-restreint, une vingtaine au plus, il choisit ses sujets; aussi les places y sont-elles extrêmement recherchées, malgré le prix assez élevé de la pension, et ce n'est qu'à cause de ma position et de mes rapports avec cet établissement que j'ai pu y obtenir une place pour votre fils.

— Et combien de temps pensez-vous, Monsieur, qu'Adolphe resterait dans cette maison ?

— Je ne saurais le fixer d'une manière

précise; mais il faut toujours compter sur un an au moins, peut-être deux et même trois.

— Oh! mon Dieu! que c'est long! Et pendant ce temps-là pourrai-je le voir quand je le voudrai?

— Vous pourrez le voir deux fois par semaine, le dimanche et le jeudi; mais, dans son intérêt, je vous engagerai à rester quelques mois sans le visiter, parce qu'il est nécessaire, pour que le traitement produise tout son effet, dans les commencements surtout, que le malade n'ait d'autres distractions que celles qu'il trouvera dans la maison même; du reste, vous en aurez fréquemment des nouvelles, soit par moi, soit par lui-même; car il pourra vous écrire aussi souvent qu'il le désirera. »

Mᵐᵉ Vannière réfléchit un instant, puis, poussant un profond soupir : « C'est égal, dit-elle, une correspondance et de rares visites sont bien peu de chose pour dédom-

mager une mère de la séparation d'un enfant
qui ne l'a pas quittée un instant depuis sa
naissance, et je ne me sens guère la force de
supporter une pareille privation. N'eût-il
donc pas été possible, puisque vous connaissez maintenant sa maladie, de m'en proscrire
un traitement complet? Je puis vous affirmer,
foi de mère, que je l'aurais fait suivre à mon
fils avec une religieuse exactitude, comme
j'ai fait, du reste, depuis ces jours derniers,
ainsi que vous avez pu vous en convaincre.
Mais me séparer de mon fils dans l'état où il
est, oh! cette idée me bouleverse!... » Et elle
porta son mouchoir à ses yeux pour essuyer
ses larmes et étouffer ses sanglots.

« Madame, répondit le docteur avec une
exquise bonté, mais en même temps avec une
fermeté soutenue, je comprends votre dou-
leur et je sais y compatir; mais si vous aimez
réellement votre fils, c'est-à-dire pour lui-
même plutôt que pour vous, vous devez faire
ce sacrifice avec courage, je dirai même avec

joie, puisqu'il est dans son intérêt. Vous me demandez de vous charger vous-même de faire suivre à votre enfant le traitement que j'indiquerai ; cela est impossible, parce qu'il faut que la personne chargée de ce soin ait elle-même des connaissances et une expérience que vous ne pouvez pas avoir, afin d'exécuter avec intelligence les prescriptions que j'ordonnerai, et de les modifier au besoin si le cas l'exige. L'idée de vous séparer de votre enfant vous bouleverse, dites-vous ; mais si une voix plus autorisée et plus puissante que la mienne, une voix capable d'opérer dans votre esprit une conviction irrésistible, comme le serait par exemple la voix d'un ange ou d'un prophète, vous disait que si vous vous obstinez à garder votre enfant avec vous, à le soigner vous-même, avant six mois son mal sera devenu incurable, et avant un an peut-être vous en serez à jamais séparée par la mort, tandis qu'en consentant à vous priver momentanément de

3*

sa présence, on vous le rendra au bout de
quelques années bien portant, jouissant de
la plénitude de ses facultés physiques et mo-
rales au même degré que les jeunes gens les
mieux constitués de son âge, hésiteriez-vous
à faire ce sacrifice?

— Certainement non.

— Eh bien, ce n'est pas, il est vrai, un
ange ni un prophète qui vous tient ce langage, mais c'est un ami dévoué, c'est un médecin doué d'une certaine expérience, qui,
s'il est loin d'avoir la prétention de vous
donner ses paroles comme un oracle infail-
lible, vous affirme, foi d'honnête homme,
qu'il ne connaît d'autre moyen de sauver
votre fils que celui qu'il a indiqué; et ce n'est
qu'à la condition expresse que ce moyen sera
adopté dans toute son étendue qu'il consen-
tira à entreprendre la guérison de ce jeune
homme. Après cela, il est possible qu'il soit
dans l'erreur, car il est sujet à se tromper
comme tout autre homme, et, si vous avez le

moindre doute, consultez un de ses con-
frères...

— Assez, Monsieur, je vous en prie, interrompit vivement Mme Vannière, n'ajoutez
pas un mot de plus, vous me feriez trop de
mal... Ah ! ne me faites pas l'injure de sup-
poser que je doute un instant de l'étendue
de votre science, pas plus que de l'amitié que
vous avez pour mon frère, et dont vous voulez bien reporter une partie sur mon fils.
Oubliez, je vous en conjure, les paroles irré-
fléchies que l'idée de rester peut-être longtemps éloignée de mon fils a fait échapper de
ma bouche. J'accepte, sans aucune restric-
tion et avec la plus entière confiance, toutes
les conditions que vous jugerez à propos
d'établir pour vous charger de soigner mon
fils... Dieu ! quelle terrible perspective vous
m'avez fait envisager ! Quels cruels remords
auraient empoisonné le reste de ma vie, si
une catastrophe !... Oh ! non, je ne veux pas
y songer... Maintenant je suis bien décidée;

partons tout de suite s'il le faut, et allons à
l'instant même installer mon fils dans votre
maison de santé.

— Je suis heureux, Madame, de vous voir
dans ces dispositions; mais je n'ai pas l'habitude de rien précipiter quand il s'agit d'une
affaire aussi grave. Ainsi, avant de termi-
ner, il faut que vous voyiez l'établissement,
que vous vous entendiez avec le directeur
et avec sa femme; puis vous ferez part du
tout à M. votre mari, et ce n'est que quand
nous aurons sa réponse que nous pourrons
traiter.

— Tout cela est bien long. Mais, pour ne
pas perdre de temps, ne pourrions-nous pas
aller visiter immédiatement cette maison?
Alors, dès ce soir, je pourrais écrire à mon
mari.

— Il serait trop tard pour aujourd'hui; car
cet établissement est situé à huit kilomètres
de Paris, et nous ne serions pas revenus
avant la nuit, ce qui ne vous permettrait pas

d'écrire par le courrier de ce soir. Remettons la partie à demain, à dix heures du matin; je viendrai vous prendre en voiture, et vous aurez tout le temps d'examiner la localité et de vous entendre sur tout le reste.

— Ah! cette maison n'est pas à Paris?

— Non, Madame; parce qu'il n'eût pas été possible de trouver dans l'intérieur de la ville une situation aussi salubre et aussi agréable, deux conditions essentielles au rétablissement des malades et des convalescents. D'ailleurs, demain vous en jugerez. »

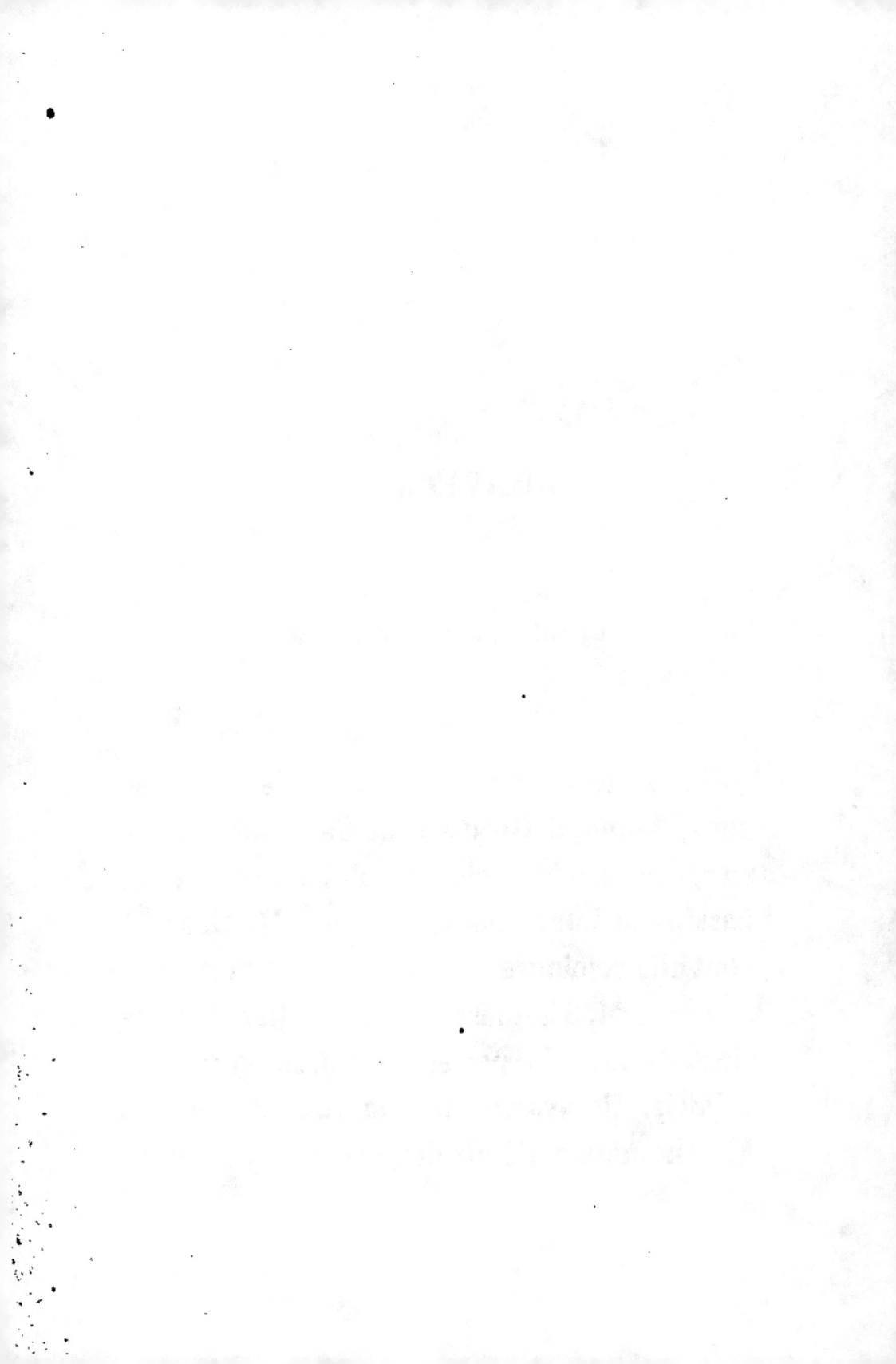

CHAPITRE V

La visite à la maison de santé.

Nos lecteurs se rappellent ces deux jeunes gens, Edmond Grousset et Constant Dulaurier, qui avaient aidé Adolphe à sortir du bassin du Luxembourg, et que M. Gendrel était allé rejoindre secrètement pour les prier de dire à M. Thomassin, leur maître de pension, de venir lui parler à son premier voyage à Paris. Ils avaient fait la commission, et M. Thomassin s'était empressé de se rendre

au désir de son ancien professeur; car, avant
d'être chef d'institution, M. Thomassin avait
été étudiant, et même fort bon étudiant en
médecine, à l'époque où M. Gendrel était un
des professeurs les plus distingués, quoique
l'un des plus jeunes, de l'École. Avant de
rendre compte de leur entretien, il est essentiel de faire une plus ample connaissance
avec M. Thomassin.

Il avait fait, comme nous venons de le dire,
de fort bonnes études en médecine, et avait
été reçu docteur après avoir passé les plus
brillants examens. Ses études littéraires et
scientifiques n'avaient pas été moins remar-
quables, et il pouvait, pour le constater d'une
manière authentique, montrer le diplôme de
licencié ès lettres, et celui de bachelier ès
sciences, et, mieux encore, quelques petits
ouvrages, écrits avec beaucoup de verve et
de talent, sur l'éducation physique et morale
des enfants. Le succès qu'obtinrent ces petits
ouvrages détermina peut-être sa vocation,

et l'engagea à mettre en pratique ce qu'il
avait enseigné dans ses livres.

Cependant il hésitait encore, et plusieurs
de ses amis le pressaient de se livrer enfin à
l'exercice de la médecine, lorsqu'une circonstance particulière vint fixer tout à fait ses
irrésolutions, et lui faire embrasser la car-
rière de l'éducation et de l'instruction des
enfants.

Deux fils lui étaient nés d'un mariage ho-
norable qu'il avait contracté avec une demoiselle aussi instruite que vertueuse. La mère,
pendant les premières années, s'était occupée
à peu près seule des soins à donner à ses
enfants, sous la surveillance toutefois de
son mari, dont elle suivait exactement les
conseils pour tout ce qui avait rapport à
l'hygiène. Mais quand vint l'âge de songer
plus sérieusement à leur éducation, le père,
après mûre réflexion, résolut de se charger
lui-même de ce soin. Il communiqua son projet à sa femme, afin de l'y associer pour une

partie importante. Elle l'approuva chaleureusement, et l'engagea à le mettre le plus
tôt possible à exécution.

D'après son plan, M. Thomassin voulait
faire jouir ses fils des avantages de l'éducation paternelle et privée, en même temps que
de ceux de l'éducation publique et en com-
mun. Pour cela, il imagina de prendre en
pension un certain nombre d'enfants à peu
près de l'âge des siens, pour les élever avec
eux et comme eux. Mais où et comment
trouver ces enfants? Ici commençaient les
difficultés.

Il fallait que le nombre de ses élèves fût
suffisant pour exciter et entretenir entre eux
une noble émulation; mais ce nombre ne
devait pas dépasser certaine limite, afin de
pouvoir exercer plus facilement une surveillance active et efficace sur tous, et étendre
à chacun ces soins domestiques et maternels
qu'on ne trouve que dans l'intérieur de la
famille.

Il fallait aussi ne pas prendre le premier venu, et n'admettre que des enfants ayant déjà reçu les premiers principes d'une bonne éducation. « On ne saurait, disait M. Thomassin à sa femme, se montrer trop scrupuleux sur le choix des sujets que nous admettrons, surtout dans les commencements; car une brebis galeuse suffit pour infecter un troupeau. »

Il était nécessaire que le prix de la pension fût plus élevé que celui des autres établissements de ce genre, parce que, tout en ne voulant pas en faire un objet de spéculation, il était de toute justice que M. Thomassin y trouvât un dédommagement convenable de ses peines et de l'abandon qu'il faisait de son état pour se livrer désormais à l'éducation de la jeunesse; car il était résolu, si son plan réussissait, à ne pas se borner à exercer ses nouvelles fonctions au temps nécessaire à l'éducation de ses enfants, mais à les continuer autant que ses forces le lui permettraient.

Enfin il fallait un local convenable pour fonder son nouvel établissement, et ce n'était pas là un des moindres éléments de succès.

Cette dernière difficulté n'était pas celle qui embarrassait le plus M. Thomassin. Il avait récemment hérité, du côté de sa femme, une charmante propriété à Bellevue, commune de Meudon; on pouvait, sans beaucoup de peine ni de frais, approprier ce local à sa nouvelle destination.

Il ne trouvait pas aussi facilement la solution des autres parties du problème. Il alla consulter le docteur Gendrel, avec qui il avait toujours conservé d'excellentes relations. Celui-ci non-seulement approuva le projet dans son ensemble et dans ses détails, mais il voulut contribuer à son succès, et s'y associer en quelque sorte en acceptant le titre de *médecin en chef* de l'établissement, que lui offrit M. Thomassin. Ce haut patronage assura promptement la réussite de l'entreprise, et bientôt le nombre d'élèves nécessaire pour constituer son institution d'après son plan fut au grand complet.

Le succès se soutint dans la suite, et dépassa les espérances du fondateur. D'excellents sujets sortirent de la pension Thomassin, et ce fut à qui obtiendrait la faveur d'y être admis. Aussi, chaque année, les demandes d'admission étaient trois fois plus nombreuses que les places à donner.

A l'époque où se passe notre histoire, quinze ans s'étaient écoulés depuis l'origine de cet établissement. Le docteur Gendrel n'avait cessé d'y prendre le plus vif intérêt, et il venait souvent le visiter, non comme *médecin en chef,* car ce titre n'était guère qu'une sinécure, n'ayant eu, pendant toute cette période, que trois ou quatre fois occasion d'y donner des soins à des élèves malades ; mais il aimait à y venir à titre d'ami, quand ses occupations le lui permettaient, se reposer quelques heures, parfois même une

journée entière, de ses pénibles fonctions.
Il aimait à respirer cet air pur, à jouir de
l'aspect de cette riche nature, et à se retrem-
per au milieu de cette jeunesse si fraîche,
si joyeuse, et souriant insoucieusement à
l'avenir. Il suivait avec intérêt les progrès
des élèves, qu'il connaissait tous par leurs
noms et qu'il appelait ses enfants. A leur
sortie, sa sollicitude continuait à s'exercer
sur eux, et souvent, à défaut de leur famille,
il dirigeait leurs premiers pas dans la car-
rière qu'ils avaient embrassée. Les deux fils
de M. Thomassin, qui avaient été l'occasion
de la création de l'établissement de Bellevue,
éprouvèrent d'une manière toute spéciale la
bienveillance du bon docteur. L'aîné ayant
manifesté un goût prononcé pour la médecine, M. Gendrel lui donna des leçons par-
ticulières pendant qu'il suivait les cours de
l'École, et, après ses examens, il le fit entrer comme élève interne à l'hôpital de la
Charité. Le plus jeune, après s'être fait rece-

voir licencié ès lettres et ès sciences, était revenu auprès de son père, et le secondait activement en qualité de professeur.

Nos jeunes lecteurs ont déjà deviné sans doute que la *maison de santé* où le docteur Gendrel se proposait de placer Adolphe n'était autre que l'institution Thomassin. Cette idée lui était venue dès la première fois qu'il avait vu l'enfant et la mère; seulement, il avait compris que s'il eût dit à Mme Vannière qu'il s'agissait tout simplement pour guérir son fils de le placer dans une bonne maison d'éducation, où il recevrait tout à la fois les soins hygiéniques propres à rétablir sa santé et les leçons nécessaires au développement de son intelligence, et capables de former sa raison, son esprit et son cœur, elle eût rejeté avec force une pareille proposition; elle se serait écriée que son enfant était trop faible pour l'astreindre aux fatigues du règlement d'une pension, qu'elle en avait déjà fait l'essai, et qu'elle savait à quoi s'en tenir, etc. etc.

Ce fut donc pour prévenir toute objection sérieuse de la part de la mère que le docteur imagina de désigner sous le nom de maison de santé la pension de son ami Thomassin. Seulement, avant d'en parler à Mme Vannière, il voulut avoir l'assentiment de son mari et de son frère, auxquels il expliqua son stratagème et le motif qui le lui avait fait employer. Tous deux, comme nous l'avons vu, applaudirent à l'idée du docteur, et s'engagèrent à le seconder de leur mieux, en entretenant le plus longtemps possible Mme Vannière dans son erreur, au moins jusqu'à ce qu'on eût obtenu des résultats assez intéressants pour ne plus avoir à craindre ses lamentations et ses emportements quand on lui ferait connaître la vérité. Dans la crainte qu'en prolongeant son séjour à Paris elle ne finît par découvrir cette vérité, son mari la pressait de revenir auprès de lui immédiatement après qu'elle aurait placé leur fils dans la maison de santé, lui parlant de je ne sais quelle affaire importante qui nécessitait sa présence chez elle. Quant à Adolphe, son erreur ne pouvait subsister au delà de quelques jours, mais on espérait facilement lui faire entendre raison; et, pour cela, le docteur comptait sur les camarades qu'il trouverait à la pension, et surtout sur les deux jeunes gens du Luxembourg, avec qui il avait témoigné un si vif désir de se lier, et qu'il serait enchanté de rencontrer parmi ses nouveaux condisciples.

Nous n'avons pas besoin d'ajouter que M. Thomassin avait été mis dans la confidence, et que c'était pour cela que le docteur l'avait engagé à venir lui parler. Tout avait été convenu entre eux dans cette entrevue, et M. Thomassin avait promis de seconder de son mieux la ruse innocente du docteur.

Au jour et à l'heure fixés, le docteur Gendrel vint prendre dans sa voiture Mme Vannière et son fils. Ce dernier aurait bien désiré qu'on eût fait le voyage par le chemin de

fer, nouvellement établi entre Paris et Ver-
sailles, par la rive gauche de la Seine, et dont
une station était établie à Bellevue; mais
Mᵐᵉ Vannière s'était énergiquement opposée
à se servir d'un mode de transport aussi dan-
gereux, et que, disait-elle, elle espérait bien
ne jamais voir s'établir en grand, comme le
rêvaient certains spéculateurs et industriels.
Nous ferons remarquer, en passant, qu'au
nombre de ces industriels et spéculateurs
était son mari, qui venait de faire un marché
considérable pour la fourniture des *rails*
sur le chemin de Paris à Orléans, dont on
commençait seulement les travaux à cette
époque.

Le voyage se fit donc en voiture, et vers
onze heures on arriva à la maison de M. Thomassin. L'aspect de cette habitation frappa
agréablement, avant d'y entrer, la vue de
Mᵐᵉ Vannière. Une belle grille en fer, avec
porte à double battant, formait la clôture de
ce côté, et laissait apercevoir en son entier

le bâtiment principal, composé d'un joli pavillon à deux étages, au centre duquel s'élevait une espèce de belvédère, surmonté d'une plate-forme qu'on eût dit destinée à des observations astronomiques. Au-devant du bâtiment s'étendait un boulingrin, au milieu duquel s'élevait un petit tertre en forme de corbeille, garni de fleurs magnifiques, dont les couleurs brillantes contrastaient avec le vert tendre du gazon qui l'entourait. Une large allée sablée, partant de la grille, contournait le boulingrin et conduisait à un perron de quelques marches, couvert d'une marquise. A droite et à gauche du pavillon principal on apercevait, à demi cachés par des plantations et des charmilles, des bâtiments formant les dépendances ou communs de l'habitation; et à travers les intervalles qui séparaient ces constructions du bâtiment central, l'œil découvrait des massifs et de grands arbres qui semblaient annoncer l'entrée d'un parc.

Rien de plus gracieux, de plus riant, de plus frais que l'ensemble de cet aspect; et Mme Vannière en fit la remarque, en disant au docteur que cette habitation devait plaire aux malades, et surtout aux convalescents. « Attendez, Madame, avant de la juger, répondit-il en souriant, que vous l'ayez vue en détail. »

A peine le docteur avait-il achevé de parler, que la voiture arriva au perron, et que M. Thomassin se trouva sur les degrés pour recevoir ses visiteurs. Après les présentations d'usage faites par M. Gendrel, Mme Vannière et son fils furent introduits dans le salon, où les attendait Mme Thomassin. Celle-ci était une femme d'environ quarante-cinq ans, à la physionomie douce, souriante et sympathique. Elle avait dans ses manières une simplicité, une aisance, mêlée à une politesse exquise, qui contrastait avec le ton un peu affecté, un peu guindé de Mme Vannière. Dès le début, elle sut gagner la confiance de la mère et de l'enfant, en parlant à l'une de son fils avec un touchant intérêt, en témoignant à l'autre une bienveillance et une affection toute maternelle.

Le salon où l'on avait reçu Mme Vannière était meublé avec une élégante simplicité. Un divan, des fauteuils, un piano ; au milieu une table de marbre recouverte d'un tapis, sur lequel étaient étalés des albums et des gravures ; sur la cheminée une belle pendule, avec des flambeaux et des vases remplis de fleurs ; en face une console supportant une jardinière garnie de fleurs de la saison : voilà tout l'ameublement. Les murs, recouverts d'une tapisserie de couleur claire, étaient ornés de quelques bons tableaux de maîtres, au-dessous desquels on avait suspendu un assez grand nombre de dessins au crayon ou à l'aquarelle d'une assez bonne exécution, mais dans lesquels on pouvait cependant reconnaître une main encore peu exercée.

Un de ces dessins attira les regards de Mme Vannière. « Ah ! dit-elle en s'en approchant, voilà un tableau dont je reconnais l'original : c'est la vue de votre charmante habitation prise du côté par où nous sommes entrés.

— Oui, Madame, répondit Mme Thomassin ; c'est l'ouvrage d'un de nos jeunes pensionnaires, qui est maintenant lieutenant de chasseurs en Afrique. Vous pouvez voir son portrait à côté du tableau.

— Mais il y en a deux : lequel est le sien ?

— Tous les deux, quoiqu'ils ne se ressemblent guère, ajouta en souriant Mme Thomassin : l'un, celui de gauche, le représente à l'âge de douze ans, lorsqu'il est entré ici, maigre, souffreteux, plus faible que ne l'est M. votre fils ; l'autre, six mois après sa sortie d'ici et son admission à l'école militaire de Saint-Cyr. »

Ce second portrait était celui d'un beau jeune homme, à l'œil vif, à la physionomie intelligente, au teint frais, dont la belle carnation annonçait la vigueur et la santé. Mme Vannière promena quelques instants ses regards de l'un à l'autre portrait, en se disant à elle-même avec un profond soupir : « Ah ! si mon Adolphe pouvait être un jour aussi bien portant ! Mais je ne voudrais pas qu'il fût militaire. » Puis, élevant la voix, elle demanda si les autres dessins étaient aussi l'œuvre des jeunes convalescents.

« Tous, répondit Mme Thomassin ; ce sont des souvenirs que nous laissent la plupart de nos enfants avant de se séparer de nous.

— Mais on leur enseigne donc le dessin ?

— Oui, Madame, quand ils en témoignent le désir, et que leur santé le permet ; c'est une récréation fort agréable, et pour laquelle nos enfants montrent généralement beaucoup de goût.

— Oh ! maman, s'écria Adolphe, moi aussi, je voudrais bien apprendre le dessin.

— Je ne m'y opposerai pas, dit la mère ;

mais, avant de songer à apprendre quelque chose, il faut commencer par te guérir.

— C'est entendu, reprit en souriant le docteur Gendrel; je vous assure qu'il sera ici en bonnes mains pour l'un et l'autre. Maintenant, Madame, ajouta-t-il en s'adressant à Mᵐᵉ Thomassin, auriez-vous la bonté de nous faire visiter votre établissement?

— Avec plaisir, Monsieur, si Madame ne se sent pas trop fatiguée de son voyage?

— Moi, nullement; mais toi, Adolphe, te sens-tu la force de nous accompagner?

— Parfaitement, maman; je suis moins las que je ne l'étais ce matin en sortant du lit. »

M. Thomassin s'excusa alors auprès de Mᵐᵉ Vannière de ne pouvoir l'accompagner, son devoir l'appelant en ce moment auprès de ses pensionnaires.

Mᵐᵉ Thomassin fit monter ses hôtes au premier étage, et les conduisit d'abord dans une grande pièce, qu'elle appelait la biblio-

thèque (c'était la salle d'étude). D'un côté
seulement de cette salle, se trouvait une
vaste armoire remplie de livres; le reste des
murs était garni d'immense cartes de géo-
graphie et d'un tableau de mathématiques.
Au milieu était une longue table, couverte
d'un tapis vert avec deux rangs de chaises
de chaque côté.

« C'est ici, dit Mme Thomassin, que nos
jeunes gens viennent à certaines heures lire
et étudier; car la lecture et l'étude sont un
des grands remèdes contre l'ennui qui ac-
compagne toujours l'oisiveté. Cette salle,
comme vous le voyez, est fort simple, mais
quand on le veut, elle jouit d'une magnifique décoration. » En disant ces mots, elle
ouvrit les trois portes-fenêtres qui donnaient
sur un balcon régnant dans toute la longueur
de la salle. En s'avançant sur ce balcon,
Mme Vannière ne put retenir une exclama-
tion de surprise à la vue du splendide panorama qui se déroulait devant ses yeux.

Le bassin de la Seine, qui s'étend de Paris à Argenteuil, lui apparaissait en son entier, avec son beau fleuve aux îles verdoyantes, ses campagnes fleuries, ses villages aussi peuplés que des villes, et cette foule de châteaux, de maisons de plaisance, de villas, de fabriques, toutes plus variées, plus pittoresques les unes que les autres. Au pied du coteau, elle apercevait les maisons du Bas-Meudon, construites le long de la Seine; au delà du fleuve, Boulogne et son bois célèbre, qui s'étend jusqu'aux portes de Paris; à gauche, Sèvres et le riant coteau de Saint-Cloud, avec son parc aux arbres séculaires et son château aux souvenirs historiques; puis Surennes, le mont Valérien, Puteaux, Courbevoie, Neuilly, Asnières, et au loin, à l'horizon, les coteaux d'Argenteuil. Plus près, sur la droite, se dresse l'arc de triomphe de l'Étoile, puis la colline de Montmartre, et au levant, dans un horizon presque toujours brumeux, se montre une partie de Paris, laissant seulement apercevoir quelques sommets de ses principaux édifices.

Après avoir longtemps promené ses regards sur ce magnifique spectacle, Mme Vannière les reporta plus près d'elle, sur les dépendances de la maison qui se trouvaient de ce côté, et qu'elle n'avait pu apercevoir en arrivant, masquées qu'elles étaient par le pavillon principal. Là s'étendait une large esplanade, entourée de massifs irréguliers du plus bel effet. Le terrain, légèrement incliné, se terminait par une terrasse garnie d'une balustrade, d'où la vue embrassait à peu près le même panorama que celui du balcon. A droite et à gauche, un escalier descendait sur le coteau et conduisait à un potager et à un verger, dont on apercevait les arbres en fleur, et quelques vaches qui paissaient tranquillement sous leur ombrage.

Ce tableau champêtre, mais coquet et coloré comme un paysage de Watteau, fixa

quelques instants ses regards, quand des
chants mélodieux, qui partaient d'un des
massifs qui bordaient l'esplanade, attirèrent
son attention de ce côté. Elle remarqua alors
plusieurs jeunes gens réunis dans ce bosquet; les uns étaient assis à l'ombre des
arbres et lisaient, d'autres se promenaient
en causant; enfin, un groupe composé d'une
dizaine d'enfants de dix à douze ans et d'autres un peu plus âgés, chantaient en chœur
ces magnifiques strophes d'*Athalie*, mises
en musique par Choron, qui commencent
ainsi :

> Tout l'univers est plein de sa magnificence;
> Qu'on l'adore ce Dieu, qu'on l'invoque à jamais;
> Son empire a des temps précédé la naissance;
> Chantons, publions ses bienfaits.

Ces voix pures, fraîches, suaves, formant
des accords mélodieux, jetèrent Mme Vannière dans une sorte de ravissement, je dirai
presque d'extase. Quand le chant eut cessé,
elle se retourna du côté de Mme Thomas-

sin, et lui demanda avec un accent de surprise : « Quels sont donc ces musiciens? Les avez-vous fait venir pour égayer vos jeunes pensionnaires malades ?

— Ces musiciens, répondit Mme Thomassin en souriant, ne sont autres que nos jeunes pensionnaires eux-mêmes. Le chant et la musique instrumentale font, comme le dessin, partie de leurs amusements, et sont aussi un puissant remède contre la maladie de l'ennui.

— Moi aussi, maman, dit Adolphe, j'aimerais bien apprendre la musique, et faire ma partie dans un concert avec ces messieurs.

— Je ne demanderais pas mieux, car tu avais une assez jolie voix; mais tu sais bien que j'ai été forcée de faire cesser tes leçons de musique vocale, parce que cela te fatiguait la poitrine. Tu pourrais les reprendre si tu étais aussi bien portant que ces jeunes gens... Mais, à propos, Madame, fit-elle en s'in-

terrompant et en s'adressant à Mme Thomassin, comment! ces enfants et ces jeunes
gens que je vois dans ce bosquet sont vos
malades? Mais ils ont tous des mines charmantes, et paraissent jouir d'une excellente
santé.

—Effectivement, tous se portent fort bien ;
mais quand ils sont arrivés ici, la plupart
étaient atteints d'infirmités de différentes
natures, que nous nous sommes appliqués à
guérir, et, Dieu merci, jusqu'à présent nous
avons assez bien réussi.

— Et pensez-vous que vous réussissiez
également pour mon fils?

— Je le pense; mais là-dessus vous devez
plutôt vous en rapporter à l'opinion de M. le
docteur Gendrel qu'à la mienne. » Et, en disant ces mots, elle se tourna vers lui comme
pour lui demander son avis.

Le docteur, qui jusque-là avait accompagné ces dames sans prendre part à la conversation, se contentant d'observer en silence

les impressions qu'éprouvait Mme Vannière,
et de causer quelquefois à voix basse avec
Adolphe; en se voyant interpellé directe-
ment, répondit sur-le-champ : « Moi, c'est
ma conviction, et sans cela je n'aurais pas
proposé à Mme Vannière de placer son fils
dans votre établissement. Mais continuons,
je vous prie, notre visite, afin que Madame
puisse juger par elle-même des soins dont
les pensionnaires sont ici l'objet, et je ne
doute pas qu'après cet examen elle ne partage ma conviction quant à l'heureuse influence qu'exercera sur la santé de son fils
son séjour dans cette maison. »

On entra alors dans un corridor éclairé
par une fenêtre à balcon du côté du levant.
Dix portes, cinq de chaque côté, donnaient
entrée à autant de petites chambres numé-
rotées. « Voici, dit Mme Thomassin, un de
nos dortoirs; nous en avons deux autres, en
tout semblables à celui-ci. » Et en même
temps elle ouvrit plusieurs portes à droite et

à gauche, afin de visiter l'intérieur de chaque chambre. Toutes avaient un ameublement semblable, se composant des objets nécessaires pour garnir un petit logement de garçon, sans superflu, mais avec tout le confortable possible. Ce que Mme Vannière remarqua avec plaisir, c'était l'exquise propreté et la bonne tenue qui régnaient dans chacune de ces chambrettes.

« Ainsi, dit-elle après avoir visité une ou deux chambres, vos pensionnaires couchent tous isolément : cela, j'en conviens, a de grands avantages; mais, dans certains cas, cet isolement ne pourrait-il pas offrir des inconvénients : par exemple, si un enfant est malade pendant la nuit?

— Nos enfants, Madame, quoique couchant dans des chambres séparées, n'en sont pas moins l'objet d'une surveillance qui ne les abandonne pas plus la nuit que le jour. Chaque porte, comme vous pouvez le remarquer, est garnie d'un vasistas vitré qui s'ouvre

du dehors, et par lequel mon mari ou les sur-
veillants peuvent voir à toute heure ce qui
se passe dans l'intérieur de chaque chambre.
De plus, chaque pensionnaire a à la portée
de sa main un cordon de sonnette pour appeler au besoin le domestique, qui couche
à l'entrée du corridor. Enfin, en cas de maladie exigeant des soins suivis, il y a une infirmerie placée sous ma surveillance spéciale,
où les malades ne restent pas un instant souls
ni le jour ni la nuit. »

Tout en causant, on arriva à l'extrémité
du corridor, dont Mme Thomassin ouvrit la
dernière porte à droite près du balcon :
« Voici, dit-elle, la seule chambre vacante en
ce moment dans la maison; c'est celle que
nous destinons à M. votre fils, si vous nous
faites l'honneur de nous le confier.

— Oh! la jolie chambre! s'écria Adolphe;
vois donc, maman, la belle vue que l'on a
d'ici. »

Le fait est que cette chambre n'avait rien,

quant à l'ameublement, qui la distinguât des autres, mais elle avait deux croisées, l'une au levant, l'autre au midi. Le docteur Gendrel fit observer à Mme Vannière combien cette exposition était favorable à la santé, et Mme Thomassin ajouta qu'elle avait été autrefois occupée, durant tout le temps de son séjour chez eux, par le jeune officier dont elle avait vu le portrait au salon, et qui avait, en y entrant, à peu près la même maladie qu'Adolphe.

En ce moment M. Thomassin vint rejoindre la société, en annonçant que ses pensionnaires, ayant entendu parler de l'arrivée d'un nouveau camarade, désiraient vivement faire sa connaissance. « C'est à vous, Madame, ajouta-t-il en souriant, à décider si je puis leur présenter M. votre fils en cette qualité.

— Monsieur, d'après ce que l'on m'a dit, d'après ce que j'ai vu et ce que je vois, je suis toute décidée à vous confier mon enfant.

Mais, comme il est un peu timide, peut-être sera-t-il embarrassé...

— Pardon, maman, interrompit vivement Adolphe, je t'assure que je ne serai point embarrassé avec ces messieurs, et qu'il me tarde beaucoup de faire leur connaissance.

— Comme tu voudras, mon ami ; alors profite de l'obligeance de monsieur, et va voir tes nouveaux camarades, pendant que je continuerai avec Madame la visite de cette charmante habitation. »

Adolphe descendit aussitôt, et sa mère continua de parcourir la maison. Mme Thomassin ne lui fit pas grâce du moindre détail ; elle la conduisit de la cave au grenier, de la cuisine à la salle à manger (le réfectoire), de l'infirmerie à la buanderie. Partout Mme Vannière ne cessa d'admirer le soin, l'ordre et la propreté qui y régnaient. La laiterie, entre autres, excita sa surprise : elle voulut goûter au lait, à la crème, au beurre, et elle trouva le tout délicieux.

« Depuis longtemps, dit-elle, je n'ai
rien mangé de si bon; mon fils, qui aime
tant le laitage, à qui même on l'avait ordonné, a été forcé de s'en priver, parce
qu'à Bourges, comme à Paris, on n'avait
que du lait falsifié, et plus nuisible que salutaire.

— Eh bien, ici, Madame, il pourra s'en
régaler sans crainte de fraude; car nous
n'avons d'autre lait que celui que nous four-
nissent nos vaches, nourries des meilleurs
herbages qui croissent sur le coteau, à moins
cependant, ajouta-t-elle en souriant imper-
ceptiblement, que le docteur ne défende cet
aliment.

— Bien au contraire, Madame, reprit
M. Gendrel, c'est celui que je prescrirai ha-
bituellement, si toutefois l'enfant le digère
bien. Dans ce cas, vous pourrez lui en donner plusieurs fois par jour : c'est un des
meilleurs moyens de combattre sa maladie. »

En sortant de la laiterie, on revint dans le

salon. Mme Vannière s'approcha d'une croi-
sée d'où l'on apercevait le bosquet où étaient
en ce moment les pensionnaires : « Eh bien!
s'écria-t-elle, voyez donc Adolphe. Il paraît
qu'il est déjà au mieux avec ses nouveaux
camarades. Mais, docteur, il est temps, je
pense, que nous partions : voudriez-vous
avoir la bonté de le rappeler? »

Ce ne fut pas sans peine que le docteur
parvint à arracher Adolphe à ses nouveaux
compagnons, au nombre desquels il avait retrouvé, non sans une extrême surprise, ses
deux sauveteurs du Luxembourg, Edmond
Grousset et Constant Dulaurier. La surprise
n'avait été que de son côté; car ces deux
jeunes gens étaient au courant du stratagème
employé par le docteur Gendrel pour décider
Mme Vannière à se séparer de son fils, dans
l'intérêt de sa santé, de son éducation, et
partant de son avenir.

Les principaux pensionnaires, ceux sur la
discrétion desquels on pouvait compter, mis

4*

également dans la confidence, avaient fait
au nouveau venu un accueil si cordial et
si sympathique, qu'il s'était trouvé tout
d'un coup comme au milieu d'anciennes
connaissances, dont il tremblait d'être sé-
paré. Aussi dit-il au docteur Gendrel, quand
celui-ci vint le chercher de la part de sa
mère : « Puisqu'elle consent à ce que je reste
ici, pourquoi retourner à Paris ? La dis-
tance n'est pas si grande, et maman pourra
venir me voir tous les jours ; mais je ne me
soucie pas de retourner coucher dans cette
chambre si triste de l'hôtel, où le bruit des
voitures m'empêche toujours de dormir ? »

Le docteur lui fit comprendre que sa mère
serait obligée de repartir le lendemain ou le
surlendemain au plus tard pour Bourges, et
qu'il était convenable qu'il restât avec elle
jusqu'à son départ.

Ce motif le décida, et il revint retrouver
sa mère. Quelques instants après, la voiture
du docteur les ramena à Paris.

Mme Vannière était enchantée de ce qu'elle avait vu, et ne cessait d'en parler au docteur. Adolphe était encore plus enthousiasmé que sa mère ; mais il gardait le silence, partagé qu'il était entre le désir de retrouver ses nouveaux amis et le chagrin de quitter sa mère.

Entre autres questions que Mme Vannière adressa au docteur, elle lui dit : « Jusqu'ici je m'étais figuré qu'une maison de santé était destinée uniquement à recevoir des personnes affectées de maladies plus ou moins graves, en un mot, une espèce d'hôpital consacré aux personnes riches, qui payaient un prix élevé pour se faire traiter par les sommités de la science; mais dans la maison que je viens de visiter, comment se fait-il que je n'aie pas trouvé un seul individu qui fût alité, et qu'au contraire je n'aie rencontré que des figures rayonnantes de santé? J'avoue que je préfère cela, et que j'aime mieux savoir mon fils entouré de jeunes gens bien portants que de personnes souffrantes et maladives ; seulement je désirerais savoir la cause de cette singularité.

— Cette cause est fort simple, répondit le docteur avec son sourire le plus fin ; c'est que l'établissement que vous venez de visiter est vraiment ce qu'on doit appeler une maison de santé, tandis que les autres dont vous parlez sont de vraies maisons de maladie, où l'on traite des personnes adultes affectées d'infirmités plus ou moins graves, et qui en sortent dès qu'elles sont rétablies. Dans l'établissement de M. Thomassin, au contraire, on ne reçoit que des enfants ou des jeunes gens au-dessous de quinze ans ; on n'y admet aucun sujet affecté de maladie aiguë ou contagieuse ; mais ceux qui y sont reçus sont pour la plupart des enfants d'un tempérament faible et débile comme le vôtre, et qui ont besoin d'un traitement hygiénique convenable pour se fortifier, et qui, une fois en bonne voie de guérison, doivent suivre ce traitement pendant plusieurs années, jusqu'à ce que leur tempérament soit complétement formé, et en état de résister aux fatigues et aux travaux ordinaires de la vie. »

Mme Vannière se contenta de cette explication, et déclara qu'elle était heureuse d'avoir rencontré une maison de santé de ce genre pour son fils.

En arrivant à Paris, elle trouva une lettre de son mari qui la pressait avec de nouvelles instances de placer immédiatement son fils dans l'établissement dont avait parlé le docteur Gendrel, et de revenir sur-le-champ à Bourges, où sa présence était absolument nécessaire.

Bon gré, mal gré, il fallut se soumettre en soupirant à la nécessité; mais ce qui la consolait, c'était de penser que son fils ne pouvait être mieux que dans la maison de santé de M. Thomassin pour se rétablir.

Dès le lendemain matin elle alla l'y installer, et dans la journée elle partit pour le Berri.

Quatre mois après, au mois de septembre, Mme Vannière vint revoir son fils. Quel heureux changement s'était déjà opéré en lui! Il avait peu grandi, mais son corps avait pris un notable embonpoint; ses joues étaient colorées d'un frais incarnat, ses yeux brillaient d'intelligence et de douceur; plus d'insomnies, plus de manque d'appétit, plus de digestions pénibles; ses muscles s'étaient développés, et il pouvait lutter de force, d'adresse et d'agilité avec les jeunes gens de son âge. En même temps, son langage s'était épuré, son intelligence s'était développée; il étonnait sa mère par la variété des connaissances qu'il avait acquises.

Mme Vannière ne revenait pas de cette transformation. Elle alla trouver le docteur Gendrel, et lui dit : « Monsieur, je ne saurais trop vous remercier de ce que vous avez fait pour mon fils; mais dites-moi, je vous en prie, à quel traitement l'avez-vous soumis pour obtenir de si heureux résultats?

— Madame, répondit-il, je n'ai employé d'autre traitement que de soumettre votre enfant au régime régulier d'une maison d'éducation bien tenue, et de l'accoutumer peu à peu, à mesure que ses forces le lui permettaient, aux exercices et aux travaux de ses condisciples; car, je dois vous l'avouer aujourd'hui, la prétendue maison de santé où nous l'avons placé est tout simplement une de nos meilleures institutions des environs de Paris.

— Comment! Monsieur, ce pauvre Adolphe ne s'est pas trouvé fatigué de travailler comme les autres, lui à qui la moindre application causait autrefois des maux de tête intolérables?

— Nullement, Madame; il s'est mis de lui-même au travail, entraîné par l'exemple des autres; et, loin d'en ressentir la moindre fatigue, c'est à partir de ce moment que j'ai vu sa santé s'améliorer d'une manière sensible. Car, Madame, pénétrez-vous bien de cette vérité incontestable : que le travail a la plus heureuse influence sur la santé. Par le travail et l'étude, on refoule toutes les misères, le cœur s'ouvre à toutes les bonnes inspirations, l'esprit devient accessible à toutes les vérités, à tous les sages principes ; et c'est le meilleur moyen, joint à la crainte de Dieu, à employer pour modérer la fougue des passions, si funestes à l'âge de votre enfant.

« Dans l'institution où est votre fils, les exercices du corps sont sagement alternés avec les travaux de l'esprit. L'exercice même un peu rude, les mouvements du corps sont nécessaires au jeu de nos organes : c'est une vérité que les découvertes de la science viennent chaque jour confirmer. Par un travail régulier et une réparation convenable, il se développe, chez le jeune homme comme chez l'adulte, une harmonieuse activité de toutes les fonctions organiques, d'où naît un bien-être incontestable. Sous cette heureuse influence, à laquelle votre fils a été soumis, l'intelligence, quand elle est d'ailleurs cultivée comme on a eu soin de le faire, devient plus lucide et plus active.

« Les organes de l'homme diffèrent en cela des outils : loin de s'user par le travail, par lui ils se perfectionnent et se fortifient. Le meilleur repos, c'est la diversité du travail. Le travail de l'esprit est le meilleur et le plus salutaire repos du corps, et le travail du corps est le plus salutaire et le meilleur repos de l'esprit. C'est ce principe qui est constamment mis en pratique dans la pension de votre fils.

« L'oisiveté ressemble à la rouille, elle use beaucoup plus que le travail. L'inaction du corps et la paresse éteignent l'appétit, disposent à une foule de maladies, entre autres à celle dont Adolphe était atteint quand vous me l'avez présenté pour la première fois.

« Rester oisif, c'est se renfermer dans la culture de soi-même, s'habituer à n'aimer que soi; c'est éteindre toute autre affection, se jeter dans l'isolement et la nuit. Travailler, c'est s'éclairer des feux célestes, faire appel à tous les sentiments généreux du cœur, féconder les semences divines, étendre et charmer l'existence.

« Tels sont, Madame, les principes d'après lesquels a été entrepris le traitement de la maladie de votre fils; et vous conviendrez avec moi, d'après les résultats que nous avons obtenus, et qui, je l'espère, s'accroîtront encore, que la meilleure maison de santé pour les enfants et les jeunes gens est une bonne maison d'éducation. »

Mme Vannière en fut convaincue; elle ne songea pas à retirer son fils de la pension Thomassin avant qu'il eût entièrement terminé ses études; et à cette époque, c'est-à-

dire à dix-neuf ans, elle retrouva, au lieu
de l'enfant chétif, maigre, débile, qu'elle
avait conduit à Bellevue, un jeune homme
robuste, jouissant d'une santé parfaite, instruit, pieux, et doué des plus belles qualités
de l'esprit et du cœur.

FIN

TABLE

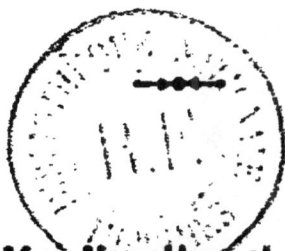

6121. — Tours, impr. MAME.

www.ingramcontent.com/pod-product-compliance
Lightning Source LLC
Chambersburg PA
CBHW070806290326
41931CB00011BA/2146